Das

militärische Delikt des Ungehorsams

von

Dr. jur. Benno von Nostitz-Wallwitz
Rittmeister a. D.

Leipzig
Verlag von Veit & Comp.
1906

Das

militärische Delikt des Ungehorsams

von

Dr. jur. Benno von Nostitz-Wallwitz
Rittmeister a. D.

Leipzig
Verlag von Veit & Comp.
1906

Druck von Metzger & Wittig in Leipzig.

Vorwort.

In langjähriger aktiver Militärdienstzeit machte ich die Erfahrung, daß bei den Verhandlungen der Kriegsgerichte die Ansichten der in diesen vertretenen Juristen und Laien oftmals weit auseinander gehen, da es den letzteren, den als Richter befehligten Offizieren, meist an der juristischen Grundlage fehlt, jenen aber an der engen Fühlung mit dem militärischen Leben. Der Widerstreit tritt besonders zutage, wenn es sich um ein spezifisch militärisches Vergehen handelt, und macht sich namentlich bei der Beurteilung von Insubordinationsvergehen fühlbar. Es nehmen aber diese letzteren in der militärischen Strafrechtspflege naturgemäß einen großen Raum ein. Um so auffallender war es mir, daß bisher die Verbrechen und Vergehen gegen die militärische Unterordnung noch keine monographische Behandlung in der juristisch-militärischen Literatur gefunden haben. Und doch dürfte eine eingehende Sonderdarstellung derselben vielleicht nicht ohne Nutzen sein. Den Juristen kann sie auf die spezifisch militärischen Gesichtspunkte des Delikts hinweisen, den Offizier auf die juristischen. Beide Momente müssen bei der Beurteilung der Tat in gleichem Maße berücksichtigt werden. Die Beurteilung aber erfolgt durch Juristen und Offiziere in gemeinsamer Tätigkeit, einer Tätigkeit, die um so ersprießlicher sein wird, je größer auf beiden Seiten das Verständnis ist für die beiden Beziehungen der Tat. Und diesem Verständnis soll die vorliegende Arbeit dienen.

Dresden, im Dezember 1905.

Der Verfasser.

Inhalt.

Seite

§ 1. Einleitung 1

§ 2. **I. Der Ungehorsam im allgemeinen** 3

II. Der Täter 4

§ 3. Allgemeines 4

A. Die Gehorsamspflichtigen 5

§ 4. 1. Die Personen des Soldatenstandes 5

a) des aktiven Dienststandes 5

b) des Beurlaubtenstandes 8

§ 5. 2. Die Beamten des Heeres und der Marine 10

a) Die Militärbeamten 10

b) Die Zivilbeamten der Militärverwaltung 13

§ 6. 3. Die Offiziere und Sanitätsoffiziere à la suite 14

§ 7. 4. Die zur Disposition gestellten Offiziere, Sanitätsoffiziere und Ingenieure des Soldatenstandes 15

§ 8. 5. Die Landgendarmen 17

§ 9. 6. Die Landsturmpflichtigen 18

§ 10. 7. Die Schiffsjungen 18

§ 11. 8. Die Invaliden 19

§ 12. 9. Die ausländischen Offiziere, welche zu dem kriegführenden Heere oder der kriegführenden Flotte zugelassen sind 20

§ 13. 10. Die Kriegsgefangenen 20

§ 14. 11. Zivilpersonen 21

§ 15. B. Die zu militärischem Gehorsam nicht Verpflichteten . . 26

1. Die verabschiedeten Offiziere, Sanitätsoffiziere und Ingenieure des Soldatenstandes 26

§ 16. 2. Die Kadetten und Unteroffiziervorschüler 28

§ 17. 3. Die Studierenden der Kaiser Wilhelms-Akademie 29

III. Die Tat 29

§ 18. 1. Übersicht 29

§ 19. 2. Der Befehl 30

§ 20. 3. Der Befehlsberechtigte 36

§ 21. 4. Die Handlung 43

§ 22. 5. Der Versuch 45

		Seite
	IV. Die Teilnahme	48
§ 23.	1. Übersicht	48
§ 24.	2. Die Mittäterschaft	48
§ 25.	3. Die Beihilfe	50
§ 26.	4. Die Anstiftung	52
§ 27.	Anhang: Beteiligung von Untergebenen an Straftaten von Vorgesetzten und von Vorgesetzten an Straftaten von Untergebenen	53
	V. Die Strafrechtswidrigkeit	59
§ 28.	1. Übersicht	59
	2. Die objektive Strafrechtswidrigkeit	60
§ 29.	a) Im allgemeinen	60
	b) Im besonderen	61
§ 30.	α) Der Notstand	61
§ 31.	β) Die Notwehr	63
§ 32.	γ) Die ausnahmsweise Pflicht zu Ungehorsam	69
	3. Die subjektive Strafrechtswidrigkeit (Schuld)	76
§ 33.	a) Die Zurechnung zur Schuld	76
	b) Die Arten der Schuld	85
§ 34.	α) Im allgemeinen	85
§ 35.	β) Der Vorsatz	85
§ 36.	γ) Die Fahrlässigkeit	87

Literatur.

Allerhöchste Verordnung über die Ehrengerichte der Offiziere vom 2. Mai 1874.

Allerhöchste Verordnung über die Ehrengerichte der Sanitätsoffiziere vom 9. April 1901.

Anlagen zu den Verhandlungen des Deutschen Reichstages 1872.

Armee-Verordnungs-Blatt.

Berner, Lehrbuch des Deutschen Strafrechts, Leipzig 1898.

Beschwerdeordnung I vom 30. März 1895, II vom 14. Juni 1894.

Besoldungsvorschrift für das Preußische Heer im Frieden (Friedensbesoldungsvorschrift) von 1898.

Bestimmungen über die Aufnahme von Studierenden in die Kaiser Wilhelms-Akademie für das militärärztliche Bildungswesen zu Berlin.

Binding, Grundriß des Deutschen Strafrechts, Allgemeiner Teil, Leipzig 1902 (zitiert: Binding, Grundriß).

—— Handbuch des Strafrechts, Leipzig 1885 (zitiert: Binding, Handbuch).

—— Lehrbuch des Gemeinen Deutschen Strafrechts, Besonderer Teil, Leipzig 1902, 1904, 1905 (zitiert: Binding, Lehrbuch).

—— Die Normen und ihre Übertretung, Leipzig 1890, 1877 (zitiert: Binding, Normen).

Brauer, Handbuch des Deutschen Militärstrafrechts, Erlangen 1872.

Bundes-Gesetzblatt des Norddeutschen Bundes.

van Calker, Die strafrechtliche Verantwortlichkeit für auf Befehl begangene Handlungen, München und Leipzig 1891 (zitiert: van Calker, Befehl).

—— Vom Grenzgebiet zwischen Notwehr und Notstand, in der Zeitschrift für die gesamte Strafrechtswissenschaft, Band 12, Berlin 1892 (zitiert: van Calker, Zeitschrift).

Deutsche Wehrordnung vom 22. November 1888, Berlin 1904.

Dienstvorschriften für die Königlich Sächsische Armee 1903.

Dienstvorschrift für die Infanterieschulen vom 27. Juni 1903.

Dienstvorschrift für die Königlich Sächsischen Infanterieschulen vom 15. Januar 1904.

Disziplinar-Strafordnung für das Heer vom 31. Oktober 1872.

Disziplinar-Strafordnung für die Marine vom 1. November 1902.

Endres, Militärstrafgesetzbuch für das Deutsche Reich, Handausgabe, Würzburg 1903.

Entscheidungen des Reichsgerichts in Strafsachen.

Entscheidungen des Reichsmilitärgerichts.

Finger, Lehrbuch des Deutschen Strafrechts I, Berlin 1904.

Frank, das Strafgesetzbuch für das Deutsche Reich, erläutert, Leipzig 1903.

Friedens-Sanitäts-Ordnung, Berlin 1891.
Garnisondienst-Vorschrift vom 15. März 1902.
Gesetz-Blatt für Elsaß-Lothringen.
Girginoff, Der bindende Befehl im Strafrecht, Doktor-Dissertation, Leipzig 1904.
Goltdammers Archiv für Strafrecht, Berlin 1883.
Haenel, Deutsches Staatsrecht I, Leipzig 1892.
Hecker, Das Militär-Strafgesetzbuch für das Deutsche Reich, erläutert, Berlin 1877 (zitiert: Hecker).
- Abhandlungen über das Verhältnis des Civilstrafrechts zum Militärstrafrecht und den Begriff Militärpersonen, Separatabdruck aus „Goltdammers Archiv für Strafrecht" und aus dem „Gerichtssaal", Berlin 1885 (zitiert: Hecker, Abhandlungen).
- Lehrbuch des Deutschen Militärstrafrechts, Stuttgart 1887 (zitiert: Hecker, Lehrbuch).
Heerordnung, Militärische Ergänzungsbestimmungen zur Deutschen Wehrordnung vom 22. November 1888, Berlin 1904.
Herbst, Studien zum Militär-Strafgesetzbuch für das Deutsche Reich, Leipzig 1873.
Herz-Ernst, Strafrecht der Militärpersonen, Berlin 1905.
Huberti, Zur Lehre vom Ungehorsam und der Gehorsamsverweigerung im Reichsmilitärstrafgesetzbuch, in der Zeitschrift für die gesamte Strafrechtswissenschaft, Band 12, Berlin 1892.
Kassenordnung für die Truppen vom 11. März 1897.
Keller, Militär-Strafgesetzbuch für das Deutsche Reich, erläutert, Berlin 1873 (zitiert: Keller).
- Erläuterungen zu den Kriegsartikeln für das Heer und die Deutsche Marine, Berlin 1877 (zitiert: Keller, KA.).
Kleemann, Genesis und Tatbestand der Militär-Delikte, Wien 1902.
Kolonialblatt.
Kompendium über Militärrecht, herausgegeben vom Kgl. Preuß. Kriegsministerium, Berlin 1900.
von Koppmann-Weigel, Kommentar zum Militär-Strafgesetzbuch für das Deutsche Reich, München 1903 (zitiert: von Koppmann).
Koppmann, Fr., Die Strafbarkeit der Teilnahme von Civilpersonen an rein militärischen Delikten, München 1903 (zitiert: Fr. Koppmann).
Kriegsartikel für das Heer vom 22. September 1902.
Kriegsartikel für die Marine vom 10. Januar 1903.
Kriegsgeschichtliche Abteilung des Großen Generalstabes, der deutsch-französische Krieg 1870—71, Berlin 1874.
Kriegs-Sanitäts-Ordnung, Berlin 1878.
Laband, Das Staatsrecht des Deutschen Reiches, Tübingen und Leipzig 1901.
von Liszt, Lehrbuch des Deutschen Strafrechts, Berlin 1902.
Marineordnung, Militärische Ergänzungsbestimmungen zur Deutschen Wehrordnung vom 22. November 1888, Berlin 1894.
Marine-Verordnungs-Blatt.

Mayer, M. E., Die allgemeinen Strafschärfungsgründe des Deutschen Militär-Strafgesetzbuches, in der Festschrift zu August Sigmund Schultzes siebenzigstem Geburtstag, Leipzig 1903.

Frhr. von Meerscheidt-Hüllessem, Die Handhabung der Disziplinar-Strafgewalt, Berlin 1905.

Merkel, Lehrbuch des Deutschen Strafrechts, Stuttgart 1889.

Meyer, H., Lehrbuch des Deutschen Strafrechts, Leipzig 1895.

Militärstrafgerichtsordnung vom 1. Dezember 1898.

Militärstrafgesetzbuch für das Deutsche Reich vom 20. Juni 1872.

Militärstrafgesetzbuch für das Königreich Bayern vom 29. April 1869.

Nagler, Die Teilnahme am Sonderverbrechen, Leipzig 1903.

Österreichisches Dienstreglement von 1873.

Olshausen, Reichs-Militärstrafgesetzgebung, Textausgabe mit Anmerkungen, Berlin 1902 (zitiert: Olshausen).

—— Kommentar zum Strafgesetzbuch für das Deutsche Reich, Berlin 1904, 1905, 1901 (zitiert: Olshausen, Kommentar z. RStGB.).

Oppenhoff, Das Strafgesetzbuch für das Deutsche Reich, erläutert, herausgegeben von Delius, Berlin 1901.

Organisatorische Bestimmungen für die Kaiserlichen Schutztruppen in Afrika vom 25. Juli 1898 (Schutztruppen-Ordnung).

Organisatorische Bestimmungen für das Personal des Soldatenstandes der Kaiserlichen Marine vom 26. Juni 1899.

Puchelt, Das Strafgesetzbuch für das Deutsche Reich mit den amtlichen Motiven und mit Erläuterungen, Carlsruhe 1871.

Reichs-Gesetzblatt.

Rubo, Militär-Strafgesetzbuch für das Deutsche Reich, Text-Ausgabe mit Anmerkungen, Berlin 1872.

Schulze, Lehrbuch des Deutschen Staatsrechts, Leipzig 1881 und 1886.

von Schwarze, Commentar zum Strafgesetzbuche für das Deutsche Reich, Leipzig 1884.

Solms, Strafrecht und Strafprozeß für Heer und Marine des Deutschen Reichs, Berlin 1892.

von Stengel, Wörterbuch des Deutschen Verwaltungsrechts, Freiburg i. B. 1890.

Stenographische Berichte über die Verhandlungen des Deutschen Reichstags 1872.

Strafgesetzbuch für das Deutsche Reich vom 15. Mai 1871 und 26. Februar 1876 mit den sonstigen Änderungen und Zusätzen bis einschließlich 12. Mai 1901.

Verordnung über die Organisation des Sanitäts-Korps vom 6. Februar 1873.

Vorschriften für die Ergänzung des Seeoffizierkorps vom 17. April 1899.

Weiffenbach-Wolf, Handbuch für die Ausübung der niederen Gerichtsbarkeit in Friedenszeiten, Berlin 1901.

Weisl, Das Heeres-Strafrecht, Allgemeiner Teil, Wien 1892.

Zusammenstellung der Militärpensionsgesetze, herausgegeben vom K. Pr. Kriegsministerium, Berlin 1898.

Abkürzungen.

a. a. O.	=	am angegebenen Ort.
AKO.	=	Allerhöchste Kabinetsordre.
A. M.	=	Anderer Meinung.
AVBl.	=	Armee-Verordnungs-Blatt.
Bd.	=	Band.
BGB.	=	Bürgerliches Gesetzbuch.
BGBl.	=	Bundes-Gesetzblatt.
DStO.	=	Disziplinar-Strafordnung (f. d. H. = für das Heer. f. d. M. = für die Marine.)
EG. z.	=	Einführungsgesetz zum.
HO.	=	Heerordnung.
KA.	=	Kriegsartikel.
KMV.	=	Kriegsministerialverfügung.
MarVBl.	=	Marine-Verordnungs-Blatt.
MarO.	=	Marineordnung.
MStGB.	=	Militärstrafgesetzbuch für das Deutsche Reich.
MStGO.	=	Militärstrafgerichtsordnung.
RG.	=	Reichsgesetz.
RGBl.	=	Reichs-Gesetzblatt.
RGE.	=	Reichsgerichtsentscheidung in Strafsachen.
RMGE.	=	Reichsmilitärgerichtsentscheidung.
RStGB.	=	Strafgesetzbuch für das Deutsche Reich.
S.	=	Seite.
u. a. m.	=	und andere mehr.
u. flg.	=	und folgende.
v.	=	von, vom.
Vergl.	=	Vergleiche.
WO.	=	Wehrordnung.
z. B.	=	zum Beispiel.

§ 1.

Einleitung.

„Die Disziplin," sagte Generalfeldmarschall Graf Moltke gelegentlich der Beratung des Militärstrafgesetzbuchs im Reichstage,[1] „macht die Armee erst zu dem, was sie sein soll, und eine Armee ohne Disziplin ist auf alle Fälle eine kostspielige, für den Krieg eine nicht ausreichende und im Frieden eine gefahrvolle Institution."

Nach ihm, und ebenso auch nach aller geschichtlichen Erfahrung, ist die Disziplin die Vorbedingung für die Erfolge einer Armee, für die Erreichung des Heereszweckes.

Was aber versteht man unter Disziplin?

Moltke kennzeichnet sie in derselben Rede als „Autorität von oben und Gehorsam von unten". Eingehender läßt sich der Begriff vielleicht festlegen als die freiwillige, auf der Autorität des Vorgesetzten beruhende Unterordnung des Untergebenen unter den Vorgesetzten, und zwar als eine so weit gehende, daß das Verhalten des Untergebenen dem Willen des Vorgesetzten auch dann entspricht, wenn dieser einen ausdrücklichen Befehl nicht einmal erlassen hat.

Diese Unterordnung ist wesentlich verschieden von auf Furcht vor Strafe beruhender sklavischer Unterwürfigkeit. Letztere würde versagen in den schwierigen Lagen des Gefechts. Denn selbst die Todesstrafe schreckt nicht mehr, wenn man, den sicheren Tod vor Augen, die Aussicht hat, durch Ungehorsam sein Leben zu verlängern, und sei es auch nur um Stunden. Die Unterordnung muß eine freiwillige sein, und sie **wird** eine freiwillige sein, wenn der Untergebene den Vorgesetzten

[1] Vergl. Stenographische Berichte über die Verhandlungen des Deutschen Reichstages. I. Legislaturperiode, III. Session 1872. Sitzung am 7. Juni 1872 S. 814.

achten gelernt hat, wenn er die Überzeugung gewonnen, daß die Anordnungen des Vorgesetzten stets das Richtige treffen und dieser das Interesse des Untergebenen nach Möglichkeit wahrnimmt, wenn der Untergebene von dem Bewußtsein getragen wird, daß der Gehorsam des Untergebenen notwendig ist zum allgemeinen Wohle. Solche innere Verfassung läßt sich nicht durch Strafen erreichen, sie „kann auch nicht einexerziert werden; sie muß eingelebt sein“,[1] und der Vorgesetzte muß sich seine Autorität mühsam erwerben. Die Mittel dazu sind: Gewöhnung des Untergebenen an Ordnung und Gehorsam, Erweckung seines Ehrgefühls und Pflichtgefühls, strenge aber gerechte Befehlsführung, Übereinstimmung der Befehle der verschiedenen Vorgesetzten, und namentlich das gute Beispiel der Vorgesetzten.[2]

Und doch lassen sich die Strafen nicht entbehren. Die Autorität, deren es bedarf, „um Tausende von Menschen zu bestimmen, unter den schwierigsten Verhältnissen, unter Leiden und Entbehrungen, Gesundheit und Leben an die Ausführung eines gegebenen Befehles zu setzen“, ist eine außerordentlich starke. Sie „kann nur erwachsen und fortbestehen unter schützenden Verhältnissen“.[3] Und dieser Schutz liegt einerseits in einer dem Vorgesetzten eingeräumten bevorzugten Stellung, andererseits in strenger Bestrafung aller gegen die Autorität des Vorgesetzten gerichteten Handlungen.

Die Notwendigkeit eines strafrechtlichen Schutzes der Autorität ist nicht erst in der jüngsten Zeit zutage getreten. Solange es Heere gibt, ist ihr dieser Schutz gewährt worden, und zwar durch das allgemeine Recht, als noch das gesamte Volk das Heer bildete, durch ein Sonderrecht, sobald das Heer eine selbständige Stellung im Staate einnahm.[4]

---

[1] Graf Moltke a. a. O. S. 815.

[2] Ähnlich auch das Österreichische Dienstreglement von 1873 Teil 1, § 16.

[3] Graf Moltke a. a. O. S. 814.

[4] Verhältnismäßig lange sind die Römer infolge weiter Ausdehnung des crimen maiestatis ohne besonderes Militärrecht ausgekommen. Erst unter den Kaisern finden wir ein vollständig ausgebildetes Militärgesetz.

In Deutschland wurden zur Zeit der ritterlichen Lehnsheere für die einzelnen Kriegszüge und Römerfahrten besondere Gesetze erlassen. Von ihnen ist, weil später vorbildlich geworden, das wichtigste das des Kaisers Friedrich Barbarossa von 1158. In der Periode der Söldnerheere sind die bedeutendsten Militärgesetze die Heeresordnung Friedrichs III. von 1486, die Kriegsartikel Maximilians I. von 1508, die

Schon die Römer erkannten als gegen die Autorität gerichtet: Achtungsverletzung und Ungehorsam gegenüber dem Vorgesetzten. Beides bedrohten sie mit schweren Strafen. Von dieser Auffassung ist auch noch unsere heutige Militärgesetzgebung getragen.

Das Militärstrafgesetzbuch unterscheidet zwischen Achtungsverletzung und Ungehorsam und bedroht diese Delikte in mannigfachen Abstufungen je nach dem Grade der Pflichtverletzung, von der einfachen mangelnden Ehrerbietung bis zur verläumderischen Beleidigung während des Dienstes und vom einfachen Nichtbefolgen eines Befehls bis zum militärischen Aufruhr, mit ebenso vielfach abgestuften Strafen.

Die Achtungsverletzung und die im Militärstrafgesetzbuch zu selbständigen Verbrechen oder Vergehen (delicta sui generis) erhobenen Arten des Ungehorsams lassen wir des weiteren außer Betracht und beschäftigen uns im folgenden ausschließlich mit dem Ungehorsam im engeren Sinne.

§ 2.

I. Der Ungehorsam im allgemeinen.

Ungehorsam ist „Auflehnung gegen den rechtlich autoritativen Willen",[1] ist Entgegensetzen des eigenen Willens gegen einen übergeordneten.

Der Ungehorsam ist für einen bestimmten, zum Heere in Beziehung stehenden Kreis von Personen mit Strafe bedroht durch ein Sonderrecht, das Militärrecht. Dieses legt im Militärstrafgesetzbuche den Personen des Soldatenstandes und den ihnen Gleichgestellten die Pflicht auf, Befehlen in Dienstsachen Gehorsam zu leisten. Aber auch in außerdienstlichen Angelegenheiten fordert das Militärrecht von ihnen Gehorsam. Die Pflichten der Heeresangehörigen reichen über die positiven

Reiterbestallung Maximilians II. von 1570 und vor allen die Kriegsartikel Gustav Adolfs von Schweden von 1621, auf welchen in immer weiterer Vervollkommnung sich nacheinander aufbauen: das Kurfürstlich Brandenburgische Kriegsrecht des großen Kurfürsten von 1656, das Strafgesetzbuch für das Preußische Heer von 1845 und das Militärstrafgesetzbuch für das Deutsche Reich vom 20. Juni 1872.

(Näheres darüber siehe bei Weisl, Allgemeiner Teil S. 29—56; Kleemann S. 1—4.)

[1] Binding, Lehrbuch Bd. 2 S. 847.

Bestimmungen des Militärstrafgesetzbuchs weit hinaus. Dieses bedroht nur solche Handlungen mit Strafe, die wegen ihrer Schwere einen strafrechtlichen Charakter haben oder haben können. Solche Handlungen, bei denen eine Disziplinarbestrafung stets ausreicht, hat es nicht aufgenommen.[1] Deshalb ist von Ungehorsam in außerdienstlichen Angelegenheiten im Militärstrafgesetzbuche nicht die Rede, eine Verletzung der militärischen Pflichten bedeutet er aber doch. Durch das Reichsmilitärgesetz ist dem Kaiser übertragen worden, die Vorschriften über die Handhabung der Disziplin im Heere zu erlassen.[2] Er hat dies getan durch den Erlaß der DStO.en, nach welchen alle Handlungen gegen die militärische Zucht und Ordnung der Bestrafung unterliegen.[3] Was aber alles zur militärischen Zucht und Ordnung gehört, das ist aus der gleichfalls vom Kaiser und unter demselben Rechtstitel erlassenen allgemeinen Pflichtenlehre der KA. zu entnehmen. Hier ist es im Artikel 11 dem Soldaten zur Pflicht gemacht, die Befehle des Vorgesetzten pünktlich zu befolgen. Es wird da nur von Befehlen im allgemeinen, ohne jede Beschränkung, gesprochen. Also in und außer Dienst fordert das Militärrecht Gehorsam gegen den Vorgesetzten, bestraft es den Ungehorsam.

Ungehorsam ist Angriff auf den Willen des Befehlsberechtigten. Das Angriffsmittel ist Nichtbefolgung oder eigenmächtige Abänderung oder Überschreitung des diesen Willen zum Ausdruck bringenden Befehls. Als Subjekt des Delikts, als Täter, ist jeder denkbar, der Untergebener im militärischen Sinne sein kann, also jeder, der den diesbezüglichen Bestimmungen des MStGB.s oder der DStO. unterworfen ist.

II. Der Täter.

§ 3.

Allgemeines.

Täter des militärischen Ungehorsamsdelikts ist jeder, dem im gegebenen Falle die Pflicht auferlegt ist, dem Befehle des militärischen

---

[1] Motive zu § 2 des Entwurfs des EG.es z. MStGB. (Anlagen zu den Verhandlungen des Deutschen Reichstages, I. Legislaturperiode, III. Session 1872 Nr. 5).

[2] Reichsmilitärgesetz vom 2. Mai 1874 § 8 (RGBl. S. 47).

[3] DStO. f. d. H. § 1; DStO. f. d. M. § 1.

Vorgesetzten Gehorsam zu leisten, und der diese Pflicht außer acht läßt. Wer Gehorsam zu leisten schuldig ist und in welchem Umfange, wird zunächst zu erörtern sein.

A. Die Gehorsamspflichtigen.

§ 4.

1. Die Personen des Soldatenstandes,

welche zum Deutschen Heere oder zur Kaiserlichen Marine oder zu den Kaiserlichen Schutztruppen gehören.

a) des aktiven Dienststandes.

Es werden hierunter verstanden die aktiven Offiziere, Unteroffiziere, Gemeinen, Mitglieder des Sanitätskorps und Mitglieder des Marine-Ingenieurkorps [1], außerdem noch die aktiven Torpedo-Ingenieure,[2] Feuerwerks-,[3] Zeug-[3] und Torpedooffiziere.[4]

Sie alle sind in vollem Umfange und dauernd, in Kriegs- wie in Friedenszeiten, dem MStGB. und der DStO. unterworfen. Sie sind Gehorsam schuldig vom Beginn bis zum Aufhören ihrer Eigenschaft als Person des aktiven Soldatenstandes, mit anderen Worten:[5]

α) die Offiziere, Sanitätsoffiziere, Marine-Ingenieure, Torpedo-Ingenieure, Feuerwerks-, Zeug- und Torpedooffiziere, welche alle Offiziersstellung haben,[6] vom Tage ihrer Anstellung bis zum Zeitpunkt ihrer Entlassung aus dem Dienst.

Der genaue Zeitpunkt für Anfang und Ende der Zugehörigkeit zum aktiven Offizierkorps usw. ist der Augenblick der Bekanntgabe des betreffenden Dekrets.[7]

---

[1] Vergl. Anlage zum MStGB. und AKO. vom 26. Juni 1899 (MarVBl. S. 174).

[2] Vergl. Organisatorische Bestimmungen für das Personal des Soldatenstandes der Kaiserlichen Marine, Anlage 21 § 1.

[3] Vergl. ebendaselbst Anlage 26.

[4] Vergl. ebendaselbst Anlage 22 § 1 und Anlage 23 § 1.

[5] Reichsmilitärgesetz vom 2. Mai 1874 § 38 (RGBl. S. 55).

[6] Vergl. Organisatorische Bestimmungen für das Personal des Soldatenstandes der Kaiserlichen Marine § 2 Nr. 1.

[7] Vergl. Laband Bd. 1 S. 424 in Verbindung mit Bd. 4 S. 180.

β) die **Unteroffiziere und Gemeinen**,

soweit sie **Kapitulanten** sind, vom Beginn bis zum Ablauf oder bis zur Aufhebung der Kapitulation.

Die tatsächliche Entlassung aus dem Dienst ist ohne Einfluß. Sie könnte später erfolgen z. B. wegen Erkrankung oder wegen Irrtums. Dessenungeachtet hört der Kapitulant mit Ablauf des in der Kapitulationsverhandlung bestimmten letzten Tages auf, dem aktiven Soldatenstande anzugehören[1] und militärischen Gehorsam schuldig zu sein, abgesehen von dem Fall, daß er zu diesem Zeitpunkt sein 12. Dienstjahr vollendet hat und ohne Kapitulation den Dienst fortzusetzen wünscht,[2] daß er also zu der Kategorie der Freiwilligen übertritt.

soweit sie **Freiwillige** oder **ausgehobene Rekruten** sind, von dem Tage, mit welchem ihre Verpflegung durch die Militärverwaltung beginnt, (Einjährig-Freiwillige von dem Zeitpunkte ihrer definitiven Einstellung in einen Truppenteil an) bis zum Ablauf des Tages ihrer Entlassung aus dem aktiven Dienst.

Die große Masse der Freiwilligen und ausgehobenen Rekruten, die ja bis zur Einberufung dem Beurlaubtenstande angehört, fängt mit **Beginn** des Tages, zu welchem sie einberufen ist, mit welchem also ihre Verpflegung durch die Militärverwaltung beginnen **soll**, an, zum aktiven Soldatenstande zu gehören, ganz gleichgültig, ob im Einzelfalle ein Einberufener sich auch tatsächlich stellt oder nicht. Es geht dies aus Ziffer B 1 von § 38 des Reichsmilitärgesetzes vom 2. Mai 1874 hervor, wo die Dauer des aktiven Dienstes der aus dem Beurlaubtenstande einberufenen Militärpersonen geregelt ist.[3] Nur die wenigen Rekruten, welche sofort mit der Aushebung zur Einstellung gelangen, beginnen, wie die Einjährig-Freiwilligen, erst mit dem **Zeitpunkt** der Einstellung aktive Soldaten zu sein.[4]

Es können auch solche Personen dienen, die überhaupt **nicht wehrpflichtig** sind, nämlich:

die Mitglieder regierender Häuser,[5]

die Mitglieder der mediatisierten, vormals reichsständischen und

---

[1] So auch RMGE. Bd. 3 S. 72.

[2] Vergl. Kaiserliche Verordnung vom 13. Juni 1902 Nr. 12 (AVBl. S. 194).

[3] A. M. RMGE. Bd. 1 S. 9 und Bd. 1 S. 98.

[4] Vergl. Reichsmilitärgesetz vom 2. Mai 1874 § 33 Ziffer A 3 (RGBl. S. 56).

[5] RG. vom 9. November 1867 § 1 (BGBl. S. 131).

derjenigen Häuser, welchen die Befreiung von der Wehrpflicht durch Verträge zugesichert ist oder auf Grund besonderer Rechtstitel zusteht,[1]

die vor dem 1. August 1890 geborenen von der Insel Helgoland herstammenden Personen,[2]

die Ausländer.[3] [4]

Sie übernehmen die militärische Dienstpflicht freiwillig. Haben sie dieselbe aber einmal übernommen, so besteht sie für sie fort bis zu ihrer ordnungsgemäßen Entlassung bezw. bis zur Aufhebung der Kapitulation. Ein einseitiges Verlassen des Dienstes würde Fahnenflucht sein.[5] Solange aber die freiwillig übernommene Verpflichtung zur Leistung des Heeresdienstes besteht, ist der Betreffende wie jede andere Person des aktiven Soldatenstandes militärischen Gehorsam schuldig.[6]

Ist dagegen ein von der Wehrpflicht Befreiter oder ein Ausländer *irrtümlich* eingestellt worden, so liegt ihm eine Gehorsamspflicht nicht ob.[7] Er hat weder eine gesetzliche noch eine übernommene Verpflichtung zu militärischem Dienste.

Anders steht es mit einem vor der Einstellung in das Heer *rechtskräftig zu Zuchthaus verurteilten und versehentlich eingestellten* Mann. Er ist an sich wehrpflichtig und nur untauglich, moralisch untauglich, geworden. Er hat, einmal eingestellt, die Eigenschaft einer Person des aktiven Soldatenstandes[8] genau so wie ein geistig oder körperlich untauglicher Soldat.[9] Beide sind so lange zu

---

[1] RG. vom 9. November 1867 § 1 (BGBl. S. 131).

[2] RG. vom 15. Dezember 1890 § 3 (RGBl. S. 207).

[3] WO. § 21 Nr. 4.

[4] Sogenannt staatlose Personen, die ihren dauernden Aufenthalt in Deutschland nehmen, sind als Inländer anzusehen (vergl. *Schulze* Bd. 2 S. 292), also wehrpflichtig.

[5] Vergl. MStGB. § 69.

[6] Wird ein Ausländer zum Offizier ernannt, so erwirbt er damit die deutsche Staatsangehörigkeit. Es erwachsen ihm dadurch alle mit der Staatsangehörigkeit verbundenen Pflichten (vergl. RG. vom 1. Juni 1870 §§ 9 und 10 [BGBl. S. 356 u. flg.]).

[7] So auch RMGE. Bd. 2 S. 53; *Schulze* Bd. 1 S. 345 und Bd. 2 S. 291; *Laband* Bd. 4 S. 128.

[8] So auch *Herz-Ernst* S. 11; *Keller*, KA. S. 29; *Hecker*, Lehrbuch S. 169. *A. M. von Koppmann* S. 53; *Endres* S. 9.

[9] So auch *Herz-Ernst* S. 11; *von Koppmann* S. 53; RMGE. Bd. 1 S. 184 und Bd. 2 S. 224.

militärischer Unterordnung verpflichtet, bis sich die Sache aufgeklärt hat und die Entlassung im geordneten Wege erfolgt ist. Und dies ist bei dem Zuchthäusler um so mehr der Fall, als er im Zweifel die Tatsache seiner Verurteilung absichtlich verschwiegen und damit die Dienstpflicht freiwillig übernommen haben wird.

Durch Fahnenflucht wird die Eigenschaft des Täters als Militärperson nicht aufgehoben.[1]

Ist gegen eine Person des Soldatenstandes durch militärgerichtliches Erkenntnis auf Entfernung aus dem Heere oder Dienstentlassung erkannt, so bedarf es nicht noch einer formellen Entlassung. Sie scheidet mit Rechtskraft des Urteils aus dem Heere aus.[2] Sollte das Urteil später nicht bestätigt werden, so stellt sich dies als ein Ausfluß des Begnadigungsrechtes dar. Der rechtskräftig verurteilt Gewesene wird aus Gnaden wieder angestellt. In der Zwischenzeit war er nicht Soldat und zu militärischem Gehorsam nicht verpflichtet.

Das MStGB. hat auch für die Kaiserlichen Schutztruppen Geltung, und zwar mit der Maßgabe, daß unter „Heer" im Sinne des MStGB.s auch die Schutztruppen zu verstehen sind.[3] Nicht minder finden die Vorschriften der DStO. f. d. H. auf die Angehörigen der Schutztruppen Anwendung.[4] Allerdings sind bei Regelung und Handhabung der Disziplin und der strafrechtlichen Verhältnisse der farbigen Offiziere und Mannschaften die Gewohnheiten der betreffenden Volksstämme in Betracht zu ziehen.[5] Dies kann aber nur auf die Strafzumessung von Einfluß sein. Von der Gehorsamspflicht können die farbigen Angehörigen der Schutztruppen auf keinen Fall entbunden werden.

b) des Beurlaubtenstandes.

Die zum Soldatenstande gehörenden Militärpersonen des Beurlaubtenstandes sind die Offiziere, Sanitätsoffiziere und Mannschaften der Reserve, Landwehr und Ersatzreserve (Marinereserve, Seewehr,

---

[1] So auch RGE. Bd. 27 S. 143.

[2] Vergl. Besoldungsvorschrift für das Preußische Heer im Frieden § 8a Nr. 3 und § 61 Nr. 6.

[3] Vergl. Kaiserliche Verordnung vom 26. Juli 1896 (RGBl. S 669).

[4] Vergl. Organisatorische Bestimmungen für die Kaiserlichen Schutztruppen in Afrika § 14.

[5] Vergl. ebendaselbst § 33.

Marine-Ersatzreserve), die vorläufig in die Heimat beurlaubten Rekruten und Freiwilligen, die bis zur Entscheidung über ihr ferneres Militärverhältnis zur Disposition der Ersatzbehörden entlassenen Mannschaften und die vor erfüllter aktiver Dienstpflicht zur Disposition der Truppenteile (Marineteile) beurlaubten Mannschaften.[1]

Ihre Zugehörigkeit zum Beurlaubtenstand beginnt mit der Aushändigung der Urlaubspässe oder der Gestellungsbefehle[2] bezw. mit Ablauf des Tages der Entlassung aus dem aktiven Dienst.[3] Sie endet, abgesehen von den Einberufungen zum Dienst, mit Ablauf[4] des Tages der Überführung bezw. des stillschweigenden Übertritts zum Landsturm.[5]

Alle die genannten Personen des Beurlaubtenstandes sind dem militärischen Vorgesetzten nur dann Gehorsam schuldig,[6] wenn sie dienstlich mit ihm verkehren oder sich in Militäruniform befinden. Sind sie jedoch zum Dienst einberufen,[7] so gelten sie von Beginn des Tages, zu welchem sie einberufen sind, bis zum Ablauf des Tages der Wiederentlassung als aktive Soldaten.[8] In dieser Zeit sind sie den Militärstrafgesetzen und der betreffenden DStO. in vollem Umfange unterworfen.

Farbige Angehörige der Schutztruppen treten nie zum Beurlaubtenstand über, denn sie dienen nicht auf Grund einer Wehrpflicht, sondern auf Grund eines „Werbekontraktes".[9]

Eine Anzahl Rehobother Bastards aber nimmt eine den Beurlaubten ähnliche Stellung ein. Auf Grund eines Vertrages[10] werden jährlich

---

[1] Vergl. Reichsmilitärgesetz vom 2. Mai 1874 § 56 (RGBl. S. 60); RG. vom 11. Februar 1888 (RGBl. S. 11 u. flg.).

[2] Vergl. WO. § 80 Nr. 1.

[3] Vergl. Reichsmilitärgesetz vom 2. Mai 1874 § 38 (RGBl. S. 56).

[4] So auch RGE. Bd. 12 S. 319, wo es sich augenscheinlich um einen Ersatzreservisten, der nicht geübt hat, handelt.

[5] Vergl. Reichsmilitärgesetz vom 2. Mai 1874 § 38 (RGBl. S. 56) und RG. vom 11. Februar 1888 §§ 3, 15, 20 (RGBl. S. 12—17).

[6] Vergl. MStGB. §§ 6 und 113; DStO. f. d. H. § 23; DStO. f. d. M. § 27.

[7] Dazu gehört auch die Einberufung zu einer Kontrollversammlung. (Vergl. DStO. § 26; Preußische KMV. vom 18. Mai 1887.)

[8] Vergl. MStGB. § 6; Reichsmilitärgesetz vom 2. Mai 1874 § 38 B 1 (RGBl. S. 56).

[9] Vergl. Organisatorische Bestimmungen für die Kaiserlichen Schutztruppen in Afrika § 33.

[10] Vergl. Vertrag vom 26. Juli 1895 (Kolonialblatt S. 535).

15 bis 20 waffenfähige Bastards zu Soldaten ausgebildet. Die Ausbildungszeit beträgt sechs Wochen, die jährlichen Wiederholungsübungen betragen zwei bis vier Wochen. Die einmal ausgebildeten Bastards sind während der Dauer von zwölf Jahren wehrpflichtig und stehen während dieser Zeit unter Kontrolle. Da diese aber von der Polizeibehörde ausgeübt wird, kommen die Bastards für gewöhnlich mit militärischen Vorgesetzten nicht in Berührung, sind sie den Militärgesetzen auch in keiner Weise unterworfen. Anders im Kriege, während der Ausbildungszeit und der Übungen. Da stehen die Bastards unter den Bestimmungen der „Kriegsartikel", d. h. also unter den Militärgesetzen, genau so, wie die vollkommen weißen Angehörigen der Schutztruppe, und ohne daß zu ihren Gunsten, wie bei den Farbigen, etwaige Gewohnheiten des Volksstammes in Betracht gezogen werden dürften.

§ 5.

2. Die Beamten des Heeres und der Marine.

a) Die Militärbeamten.

Dahin gehören „alle im Heere und in der Marine für das Bedürfnis des Heeres oder der Marine dauernd oder auf Zeit angestellten, nicht zum Soldatenstand gehörenden und unter dem Kriegsminister oder Chef der Admiralität als Verwaltungschef stehenden Beamten, welche einen Militärrang haben. Es macht dabei keinen Unterschied, ob sie einen Diensteid geleistet haben oder nicht".[1]

Auch die Militärbeamten haben eine militärische Gehorsamspflicht, doch ist sie wesentlich verschieden von derjenigen der Personen des Soldatenstandes. Diese brauchen fast ausnahmslos die Folgen der Ausführung eines ihnen erteilten Befehls in Dienstsachen nicht zu vertreten, die Militärbeamten dagegen sind verpflichtet, das ihnen übertragene Amt nach den Grundsätzen ihrer Wissenschaft oder nach Verwaltungsgrundsätzen oder nach besonderen Instruktionen zu verwalten. Verstößt ein Militärbeamter hiergegen, so trifft ihn die Verantwortung.[2] Es können daher auf Militärbeamte die für die Personen des Soldatenstandes gegebenen und mehr oder minder unbedingten Gehorsam

---

[1] Anlage zum MStGB.

[2] Vergl. Motive zu §§ 162 und 163 des Entwurfs zum MStGB.

fordernden Militärgesetze nicht ohne weiteres Anwendung finden. Vielmehr regeln sich die Dienstverhältnisse der genannten Beamten im wesentlichen nach dem Reichsbeamtengesetz.[1] Immerhin unterliegen sie, soweit sie einem ihnen vorgesetzten Militärbefehlshaber untergeordnet sind, auch einer militärischen Disziplinarstrafgewalt.[2] Es würde die Auflehnung gegen einen Befehl des militärischen Vorgesetzten, der mit der Grundlage der Amtswirksamkeit nicht in Widerspruch steht, einen Verstoß gegen die militärische Zucht und Ordnung bedeuten und Disziplinarbestrafung nach sich ziehen.

Insoweit ist also der Militärbeamte jederzeit militärischen Gehorsam schuldig, kann er jederzeit das Delikt des Ungehorsams begehen.[3]

„Im Felde" aber verschärft sich diese seine Gehorsamspflicht bis zur Pflicht der von den zum Heere usw. gehörenden Personen des Soldatenstandes geforderten vollkommenen militärischen Unterordnung. Da kommt es in erster Linie auf die Vernichtung der feindlichen Streitkräfte an. Alle übrigen Rücksichten müssen demgegenüber zurücktreten. Schwierigkeiten in der Rechnungslegung, Vermögensschäden, ja selbst Menschenleben spielen keine Rolle, wenn es sich um die Erreichung des Kriegszweckes handelt. Und was zu diesem Zwecke alles zu geschehen hat, das zu bestimmen ist nur der militärische Befehlshaber in der Lage. Deshalb ist es dem Militärbeamten zur Pflicht gemacht, im Felde dem Militärbefehlshaber (abgesehen von dem seltenen Fall des § 47 Nr. 2 MStGB.s) unbedingt zu gehorchen auch dann, wenn der Befehl desselben etwaigen Anordnungen oder Instruktionen der Verwaltungsbehörden widerspricht. Sollte er sich nicht fügen, so würde er das Delikt des militärischen Ungehorsams begehen und die nämlichen Strafen zu erwarten haben, die in solchem Falle den Soldaten treffen. Es finden im Felde außer den Bestimmungen der DStO. auch die auf den Ungehorsam Bezug habenden Vorschriften des MStGB.s ohne Einschränkung auf die Militärbeamten Anwendung.[4]

---

[1] RG. vom 31. März 1873 (RGBl. S. 61 u. flg.). So auch Schulze Bd. 2. S. 301; Laband Bd. 4 S. 205; Haenel Bd. 1 S. 477.

[2] Vergl. DStO. f. d. H. § 2 Nr. 1 (in Verbindung mit MStGB. § 4) und §§ 32—37; DStO. f. d. M. §§ 36—42.

[3] So auch Laband Bd. 4 S. 207.

[4] Vergl. MStGB. § 153.

Anfang und Ende der Eigenschaft als Militärbeamter regeln sich nach den für den Offizier maßgebenden Grundsätzen.[1]

„Im Felde" (und das ist gleichbedeutend mit „unter den Kriegsgesetzen") steht der Militärbeamte:

von dem Augenblick seiner Mobilmachung bis zu dem seiner Demobilmachung,[2] oder

während er sich in einem Gebiete befindet,[3] welches nach Vorschrift der Gesetze,[4] also vom Kaiser bezw. dem König von Bayern, als im Kriegszustande befindlich erklärt worden ist,[5] oder

während er einer Truppe angehört, welcher der befehligende Offizier bei einem Aufruhr, einer Meuterei, oder einem kriegerischen Unternehmen[6] dienstlich bekannt gemacht hat, daß die Kriegsgesetze für sie in Kraft treten.

---

[1] Vergl. Reichsmilitärgesetz vom 2. Mai 1874 § 38 (RGBl. S. 55); außerdem oben S. 5.

[2] Vergl. MStGB. § 9 Nr. 1 in Verbindung mit § 10 Nr. 1.

[3] Daß er sich dienstlich daselbst befindet, ist nicht nötig. Alle Militärpersonen, z. B. auch beurlaubte Soldaten, stehen unter den Kriegsgesetzen, solange sie sich in dem in Kriegszustand erklärten Gebiete aufhalten. Vergl. auch Brauer S. 19.

[4] Verfassung des Deutschen Reichs Artikel 68, welcher die landesgesetzlichen Bestimmungen, die den Bundesregierungen für ihr Gebiet das Recht zur Verkündigung des Kriegszustandes beilegten, aufgehoben hat. (So auch Laband Bd. 4, S. 45; Haenel Bd. 1 S. 440.)

Nur in Bayern hat es infolge von Reichsverfassung, Schlußbestimmung zum XI. Abschnitt in Verbindung mit Nr. III § 5 Ziffer VI des Vertrages vom 23. November 1870 (RGBl. 1871 S. 21) und mit RG. vom 22. April 1871 § 7 (RGBl. S. 89) bis zum Erlasse eines diesbezüglichen Reichsgesetzes bei den damaligen gesetzlichen Vorschriften über das Standrecht sein Bewenden, hat nur der König von Bayern das Recht zur Erklärung des Kriegszustandes. (So auch Laband Bd. 4 S. 46; Haenel Bd. 1 S. 444.)

[5] Vergl. MStGB. § 9 Nr. 2.

[6] Im Entwurf stand an Stelle von „Aufruhr, Meuterei und kriegerischen Unternehmen" „außerordentlicher Zustand". In den Motiven zu §§ 9 und 10 ist als Beispiel dieses außerordentlichen Zustandes der militärische Aufruhr angeführt. Dadurch ist die herrschende Ansicht entstanden, es sei hier unter Aufruhr und Meuterei nur der militärische Aufruhr und die militärische Meuterei zu verstehen. So Keller S. 38; Rubo S. 45; Herz-Ernst S. 18; Olshausen S. 8; Hecker S. 27; Hecker, Lehrbuch S. 43; Endres S. 13; Brauer S. 19; von Koppmann S. 63. A. M. ist nur Solms S. 17. Nach ihm sind hier

b) Die Zivilbeamten der Militärverwaltung.

Diese gehören zwar dem aktiven Heere an,[1] aber den Militärstrafgesetzen unterstehen sie in keiner Weise. Doch werden die meisten von ihnen „im Kriege und während des mobilen Zustandes"[2] zu Militärbeamten, so daß sie dann allerdings nach dem soeben Ausgeführten militärischen Gehorsam schuldig werden, gleichwie die Personen des Soldatenstandes. Aber auch diejenigen, welche während eines gegen das Deutsche Reich ausgebrochenen Krieges Zivilbeamte bleiben sollten, sind dem MStGB. und der DStO. unterworfen, solange sie sich in irgend einem Dienst- oder Vertragsverhältnisse bei dem kriegführenden Heere (der kriegführenden Marine) befinden.[3]

Militärbeamte und Zivilbeamte der Militärverwaltung, welche gleichzeitig Mannschaften des Beurlaubtenstandes sind, gibt es nicht,[4] wohl aber gibt es solche, welche Offiziere des Beurlaubtenstandes sind.[5] Im Felde ist diese Doppelstellung ohne Bedeutung, weil da in disziplineller Beziehung für Offiziere wie Beamte die gleichen Vorschriften Geltung haben.[6] Im Frieden aber werden solche Reserve- oder Landwehroffiziere zum Dienst nicht einberufen. Nichtsdestoweniger bleiben sie Offiziere des Beurlaubtenstandes, und sie haben ihrem militärischen Vorgesetzten im dienstlichen Verkehr mit ihm Gehorsam zu leisten.[7]

Mannschaften des Friedens- und des Beurlaubtenstandes, welche

---

überhaupt gefährliche Ausschreitungen gegen die Staatsgewalt gemeint. Und dem ist unbedingt zuzustimmen, denn der Wortlaut gibt keine Veranlassung zu der beschränkenden Auslegung, und der Zweck der Bestimmung ist doch der, Handlungen, welche infolge der Verhältnisse, unter denen sie begangen werden, eine vermehrte Gefahr mit sich bringen, mit schwererer Strafe zu belegen.

[1] Vergl. Reichsmilitärgesetz vom 2. Mai 1874 § 38 C (RGBl. S. 56).

[2] Vergl. Kaiserliche Verordnung vom 12. August 1901 (RGBl. S. 283 u. flg.).

[3] Vergl. MStGB. § 155; DStO. f. d. H. § 2 Nr. 3; DStO. f. d. M. § 2 Nr. 4.

[4] Vergl. HO. § 36 Nr. 6.

[5] Vergl. HO. § 51 Nr. 10.

[6] Als Disziplinarstrafen können in diesem Falle natürlich sowohl die nur für Offiziere vorgesehenen Strafen: förmlicher und strenger Verweis, als auch die auf die Beamten beschränkte Geldbuße verhängt werden (vergl. DStO. §§ 3 und 32). Dienstentlassung des Offiziers ist mit Amtsverlust seitens des Beamten zu verbinden und umgekehrt.

[7] Vergl. MStGB. § 113; DStO. f. d. H. § 23; DStO. f. d. M. § 27.

im Kriege als Beamtenstellvertreter verwendet werden, bleiben Personen des Soldatenstandes. Landsturmpflichtige Personen dagegen, welche während des Krieges in Beamtenstellen Verwendung finden, werden mit der Beleihung wirkliche Beamte. Sie sind nur „im Felde“ zu militärischer Unterordnung verpflichtet.[1]

Beamte des Beurlaubtenstandes können nur Militärbeamte sein. Sie sind im dienstlichen Verkehr mit ihren Vorgesetzten oder, wenn sie in Militärbeamtenuniform erscheinen, der militärischen Disziplin unterworfen.[2] Die für die zum Beurlaubtenstande gehörenden Personen des Soldatenstandes erteilten Bestimmungen der DStO. kommen auf sie nach Maßgabe ihres Militärranges zur Anwendung.[3] Ja sogar auch militärgerichtlich können sie laut MStGB. § 113 wegen Ungehorsams verfolgt werden, was sich daraus erklärt, daß die Gründe, welche im Frieden zur Beschränkung der Befehlsgewalt der militärischen Vorgesetzten gegenüber den aktiven Beamten führten, bei ihnen nicht vorliegen.

§ 6.

3. Die Offiziere und Sanitätsoffiziere à la suite.

In Deutschland werden unterschieden: Offiziere à la suite des Kontingentsherrn, der Armee, eines Truppenteils, des Generalstabes, des Kriegsministeriums, ferner Marineoffiziere à la suite und auch Sanitätsoffiziere à la suite des Sanitätskorps. Sie sind in der Regel Personen des Soldatenstandes, welche zum Heere usw. gehören, folglich Militärpersonen im Sinne des MStGB.s und juristisch als solche zu behandeln.

Es gibt aber auch hervorragende Persönlichkeiten, denen der Titel eines Offiziers oder Sanitätsoffiziers à la suite als Auszeichnung verliehen worden ist. Diese sind nicht Militärpersonen im Sinne des MStGB.s noch überhaupt Personen des Soldatenstandes. Trotzdem finden laut ausdrücklicher Bestimmung auch auf sie die auf die militärische Unterordnung Bezug habenden Vorschriften des MStGB.s[4]

---

[1] Vergl. Dienstvorschriften für die Königlich Sächsische Armee Nr. 27.
[2] Vergl. Reichsmilitärgesetz vom 2. Mai 1874 § 57 (RGBl. S. 60).
[3] Vergl. DStO. f. d. H. § 36; DStO. f. d. M. § 43.
[4] EG. z. MStGB. § 2.

und der DStO.[1] Anwendung betreffs der Handlungen, welche sie begehen, wenn und insolange sie zu vorübergehender Dienstleistung zugelassen sind oder die Militäruniform tragen.[2]

§ 7.

4. Die zur Disposition gestellten Offiziere, Sanitätsoffiziere und Ingenieure des Soldatenstandes.

Die Offiziere usw. z. D. sind in § 38 des Reichsmilitärgesetzes, wo die zum aktiven Heere Gehörenden verzeichnet sind, nicht mit angeführt, ebensowenig erwähnt sie das im § 56 desselben Gesetzes enthaltene Verzeichnis der zum Beurlaubtenstande Gehörenden. Folglich gehören sie weder zum aktiven Heere[3] noch zum Beurlaubtenstande noch überhaupt zum Heere im Sinne des Reichsmilitärgesetzes.[4] Den gleichen Standpunkt nimmt das MStGB. ein. Es sagt, daß gegen pensionierte Offiziere, zu welchen die Offiziere z. D. doch zweifellos zu rechnen sind,[5] statt auf Entfernung aus dem Heere oder der

---

[1] DStO. f. d. H. § 2 Nr. 2; DStO. f. d. M. § 2 Nr. 2.

[2] In dem Jahre 1872, als MStGB. und DStO. f. d. H. entstanden, gab es noch keine Sanitätsoffiziere à la suite. Daher sind diese dort nicht besonders erwähnt. Daß aber die für die Offiziere à la suite erlassenen Bestimmungen sich auch auf die Sanitätsoffiziere à la suite beziehen, ergibt sich aus der ratio legis, der Anmerkung zu DStO. f. d. M. § 3 und den korrespondierenden §§ 1 Nr. 6 und 5 Nr. 3 der MStGO.

[3] Dies ergibt sich auch aus MStGO. § 1, wo die Militärpersonen des aktiven Heeres und der aktiven Marine den zur Disposition gestellten Offizieren usw. gegenübergestellt werden.

[4] So auch Preußische KMV. vom 25. Februar 1884; Haas in Goltdammers Archiv 1883 S. 210 u. flg.; Herz-Ernst S. 10.

A. M. Hecker, Abhandlungen S. 35 u. flg., sowie S. 97 u. flg.; Laband Bd. 4 S. 196 u. flg. Beide halten die Offiziere z. D. für zum aktiven Heere gehörend und ziehen daraus auch die notwendige Folgerung, daß sie allen für die aktiven Offiziere geltenden Rechtsvorschriften sowohl des Reichsmilitärgesetzes als des MStGB.s unterlägen. Da dies den tatsächlichen Zuständen widerstreitet (man denke nur an die politische oder gewerbliche Tätigkeit so vieler Offiziere z. D.), so hätten sie noch weiter gehen müssen und sagen, daß die Offiziere z. D., obwohl nach dem Gesetz aktive Offiziere, in vielen Beziehungen gewohnheitsrechtlich den Offizieren des Beurlaubtenstandes gleichgestellt seien.

[5] Vergl. RG. vom 26. Juni 1871 §§ 5 und 38 (RGBl. S. 276 und 284).

Marine auf Verlust des Offizierstitels zu erkennen sei.[1] Es stellt also fest, daß eine Entfernung des Offiziers z. D. aus dem Heere nicht möglich ist, daß er bereits außerhalb desselben steht. Wenn er aber zum Heere oder der Marine nicht gehört, so ist er, mag man ihn für eine Person des Soldatenstandes halten oder nicht,[2] jedenfalls keine Militärperson im Sinne des MStGB.s.[3] Es kann dieses Gesetz daher im allgemeinen auf ihn keine Anwendung finden. Vielmehr regeln sich die Rechte und Pflichten der Offiziere usw. z. D. ausschließlich nach denjenigen Vorschriften, welche speziell für sie erlassen sind.[4]

Und infolge einer solchen besonderen Vorschrift[5] müssen sich die Offiziere usw. z. D. für den Mobilmachungsfall zur Verfügung stellen. Damit die Fühlung zwischen ihnen und den Militärbehörden nicht verloren gehe, sind ihre Dienstverhältnisse, abgesehen von den ihnen nicht zugemuteten Kontrollversammlungen und regelmäßigen Übungen, entsprechend denen der Offiziere des Beurlaubtenstandes geregelt, was wieder zur Folge hat, daß sie auch hinsichtlich ihrer Unterstellung unter die DStO. den Offizieren des Beurlaubtenstandes gleichstehen.[6]

Demnach sind die Offiziere usw. z. D. ihren militärischen Vorgesetzten Gehorsam schuldig, wenn sie dienstlich mit ihnen zu tun haben oder wenn sie Militäruniform tragen.[7] Doch kann ein etwaiger Ungehorsam nur disziplinarisch geahndet werden. Eine Bestimmung, welche die Offiziere usw. z. D. dem MStGB. unterwirft, existiert nicht.

Sind sie dagegen zum Dienst herangezogen, so stehen sie den aktiven Offizieren gleich. Dann unterliegen sie auch dem MStGB. und sind zu unbeschränktem Gehorsam verpflichtet vom Tage der Einberufung bis zum Zeitpunkt der Wiederentlassung.[8]

---

[1] Vergl. MStGB. § 33.

[2] Preußische KMV. vom 25. Februar 1884 und Schulze Bd. 2 S. 300 halten ihn dafür, Herz-Ernst S. 10 nicht.

[3] Vergl. MStGB. § 4.

[4] So auch Preußische KMV. vom 25. Februar 1884.

[5] HO. § 51 Anlage 8; MarO. § 61 Anlage 13.

[6] Vergl. DStO. f. d. H. § 30; DStO. f. d. M. § 33.

[7] Vergl. oben S. 9.

[8] Vergl. oben S. 5.

§ 8.

5. Die Landgendarmen.

Nach EG. z. MStGB. § 2 sollen die Vorschriften, welche für die Bestrafung der von Landgendarmen begangenen strafbaren Handlungen vor dem Erlaß des MStGB.s maßgebend waren, in Kraft bleiben. Daher werden die Landgendarmen in denjenigen Bundesstaaten, in denen sie vor dem Jahre 1872 dem Militärrecht unterlagen, den Personen des Soldatenstandes gleichgeachtet. Diese Staaten sind: Preußen, Baden, Hessen, Mecklenburg-Schwerin, Waldeck, Schaumburg-Lippe, Lippe-Detmold. Zu ihnen kommt noch Elsaß-Lothringen infolge besonderen Gesetzes.[1] Also sind, weil den Personen des Soldatenstandes gleichgestellt, in den genannten Staaten die Landgendarmen, zu denen auch die Gendarmerieoffiziere zu zählen sind, dem MStGB. und der DStO. f. d. H. unterworfen. Sie sind den ihnen im militärischen Range vorgehenden Militärpersonen Gehorsam schuldig, allerdings mit der durch AKO. vom 19. Juli 1873[2] gegebenen Einschränkung, daß es sich um ihr außerdienstliches Verhalten handelt. Sobald der Dienst als Gendarm in Frage kommt, haben sie nur ihren wirklichen Dienstvorgesetzten, d. h. nur solchen Vorgesetzten, welche dem Gendarmeriekorps selbst angehören oder sich bei demselben im Dienst befinden, Folge zu leisten.

In den anderen Staaten sind die Gendarmen Beamte und unterliegen den für diese erlassenen Reichsgesetzen bezw. sonstigen besonderen Vorschriften. Sie können daher ein militärisches Delikt im allgemeinen nicht begehen, auch in Bayern nicht, wo die Mannschaften[3] des Gendarmeriekorps, obgleich Beamte, in gewisser Beziehung dem Bayrischen MStGB. unterstanden[4] und demnach noch unterstehen. Ein Verbrechen oder Vergehen gegen das alte Bayrische MStGB. ist kein militärisches Delikt in unserem Sinne.

---

[1] Gesetz vom 20. Juni 1872 § 2 (Gesetzblatt für Elsaß-Lothringen S. 442).

[2] AVBl. 1873 S. 219.

[3] Die bayrischen Gendarmerieoffiziere gelten als abkommandierte Offiziere der Armee, sind somit Personen des Soldatenstandes.

[4] Vergl. EG. z. MStGB. für das Königreich Bayern vom 29. April 1869 Artikel 7.

§ 9.

6. Die Landsturmpflichtigen.

Auf die Landsturmpflichtigen und auf solche wehrfähige Deutsche, welche, ohne zum Dienst im Heer oder der Marine verpflichtet zu sein, auf Grund freiwilliger Meldung in die Listen des Landsturms eingetragen sind, finden die für die Landwehr (Seewehr) geltenden Vorschriften Anwendung, sobald sie von einem erfolgten Aufruf des Landsturms betroffen werden. Insbesondere sind sie den Militärstrafgesetzen und der DStO. unterworfen[1] und von Beginn des Tages, zu welchem sie einberufen sind, bis zum Ablauf des Tages ihrer Wiederentlassung als dem aktiven Heere angehörend zu militärischer Unterordnung verpflichtet.

Zu anderen Zeiten unterstehen sie der militärischen Disziplin in keiner Weise.

§ 10.

7. Die Schiffsjungen.

Die Schiffsjungen werden nicht als Personen des Soldatenstandes, sondern als Zöglinge betrachtet.[2] Deshalb findet das MStGB. an und für sich auf sie keine Anwendung. Die Aufnahme in den Schiffsjungenverband erfolgt auf Grund freiwilliger Meldung, und mit der Aufnahme verbunden ist die freiwillige Unterwerfung unter die DStO. f. d. M., welche eine Anzahl besonderer Bestimmungen für die Schiffsjungen vorsieht.[3] So charakterisiert sich auch der Ungehorsam eines Schiffsjungen gegenüber seinem Vorgesetzten als militärisches Delikt, wenn auch nur als ein ausschließlich disziplinarisch zu sühnendes.

Befinden sich die Schiffsjungen aber auf einem Schiff, bezüglich dessen der Kriegszustand erklärt ist, so unterliegen sie als dienstlich eingeschiffte Personen auch den im MStGB. aufgezeichneten Kriegsgesetzen.[4] Sie können in diesem Falle wegen eines etwaigen Ungehorsams auch auf Grund des MStGB.s bestraft werden.

---

[1] Vergl. RG. vom 11. Februar 1888 §§ 26, 30, 33 (RGBl. S. 19 u. flg.); Reichsmilitärgesetz vom 2. Mai 1874 § 38 B 2 (RGBl. S. 56).

[2] Vergl. MarO. § 32 Nr. 1.

[3] Vergl. DStO. f. d. M. §§ 45—48.

[4] Vergl. unten S. 22.

Die für Schiffsjungen geltenden Bestimmungen sind für diese maßgebend bis zum Augenblick ihrer Entlassung oder ihrer Ernennung zum Matrosen (Torpedomatrosen), durch welch' letztere sie Personen des Soldatenstandes werden.[1]

§ 11.

8. Die Invaliden.

Halbinvalide Unteroffiziere, welche Aufnahme in einer Halbinvalidenabteilung gefunden haben, werden bestimmungsgemäß im Garnisondienst verwandt, und diese Verwendung ist als Fortsetzung des aktiven Militärdienstes anzusehen.[2] Sie sind also dem Militärstrafrechte genau so unterworfen und haben genau dieselben Pflichten, wie die aktiven Unteroffiziere.

Andere Halbinvalide und die zeitig ganzinvaliden Offiziere und Mannschaften gehören im reserve- oder landwehrpflichtigen Alter zu den Personen des Beurlaubtenstandes.[3] Ihre Gehorsamspflicht regelt sich dementsprechend.

Dagegen sind die in militärischen Anstalten (Invalidenhäusern) versorgten invaliden Offiziere und Mannschaften zwar der Militärstrafgerichtsbarkeit,[4] nicht aber den Militärstrafgesetzen unterworfen. Denn in einem Invalidenhause werden nur dauernd Ganzinvalide untergebracht,[5] und diese scheiden aus dem Heere aus.[6] Sie sind also militärischen Gehorsam nicht schuldig. Doch schließt das natürlich nicht aus, daß sie sich der Hausordnung zu fügen und im Weigerungsfalle ihre Entlassung aus dem Invalideninstitute zu gewärtigen haben.

---

[1] Vergl. MarO. § 32 Nr. 1.

[2] Vergl. Zusamenstellung der Militärpensionsgesetze, Bemerkungen Nr. 5 und 6 zu Reichsmilitärpensionsgesetz vom 27. Juni 1871 § 79.

[3] Vergl. Reichsmilitärgesetz vom 2. Mai 1874 § 50 (RGBl. S. 59).

[4] Vergl. MStGO. § 1 Nr. 5.

[5] Vergl. Zusammenstellung der Militärpensionsgesetze, Bemerkung Nr. 1 zu Reichsmilitärpensionsgesetz vom 27. Juni 1871 § 78.

[6] Vergl. HO. § 29 Nr. 9c. A. M. Hecker, Abhandlungen S. 90 u. flg.

§ 12.

9. Die ausländischen Offiziere, welche zu dem kriegführenden Heere oder der kriegführenden Flotte zugelassen sind.

Im allgemeinen werden die ausländischen Offiziere und Mannschaften, falls sie nicht verbündeten Staaten angehören, behandelt wie Zivilisten.[1] Sie sind eben keine deutschen Militärpersonen. Eine Ausnahme bilden diejenigen ausländischen Offiziere, welche formell zum kriegführenden Heere oder der kriegführenden Flotte zugelassen sind. Zum „kriegführenden" Heere! Also eine bloße Mobilmachung genügt nicht. Der Krieg muß tatsächlich ausgebrochen sein infolge einer Kriegserklärung oder infolge von feindlichen Handlungen.[2]

Diese ausländischen Offiziere werden, sofern nicht der Kaiser besondere Bestimmungen getroffen hat, nach den für deutsche Offiziere geltenden Vorschriften beurteilt.[3] Sie müssen sich also den Weisungen höherer deutscher Offiziere fügen. Im Weigerungsfalle würden sie ein gerichtliches Verfahren und die im MStGB. vorgesehenen Strafen, soweit sie auf Ausländer anwendbar sind, zu erwarten haben. Einer Disziplinarbestrafung aber unterliegen sie nie.[4]

Sind die ausländischen Offiziere zugleich diplomatische Vertreter ihres Staates, z. B. Militärattachés, so sind sie auch beim kriegführenden Heere exterritorial.[5] Es kann dann bei Zuwiderhandlungen gegen die Anordnungen der Deutschen eine Bestrafung nicht erfolgen, wohl aber die Abberufung gefordert werden.

§ 13.

10. Die Kriegsgefangenen.

Daß die Kriegsgefangenen der Deutschen den ihnen vorgesetzten deutschen Militärpersonen zu gehorchen haben, ist selbstverständlich. Bei etwaigem Ungehorsam eines Kriegsgefangenen finden nach Maß-

[1] Vergl. wegen des Gefolges der ausländischen Offiziere MStGB. § 157 Abs. 2.

[2] So auch von Koppmann S. 584 u. flg.

[3] Vergl. MStGB. § 157 Abs. 1.

[4] So auch alle Kommentare z. MStGB., z. B. von Koppmann a. a. O.; Herz-Ernst S. 218; Solms 172.

[5] Vergl. Gerichtsverfassungsgesetz vom 27. Januar 1877 in der Fassung vom 20. Mai 1898 § 18 (RGBl. 1898 S. 374).

gabe seines Militärranges die Vorschriften des MStGB.s und der DStO. entsprechende Anwendung.[1]

Bestritten ist, welche Personen zu den Kriegsgefangenen gehören, ob außer Souveränen, Staatsoberhäuptern und Kombattanten auch Staats- und Kommunalbeamte, Kuriere, Geistliche, einflußreiche Parteiführer und sonstige Nichtkombattanten, wie Zeitungsberichterstatter, Marketender, Geiseln, zu ihnen zu rechnen sind. Die herrschende Meinung ist, daß auch Nichtsoldaten Kriegsgefangene sein können, daß alle von der militärischen Macht anläßlich der kriegerischen Unternehmungen zu Gefangenen gemachten Personen als Kriegsgefangene anzusehen sind.[2] Um Zivilisten gegenüber „nach Maßgabe ihres Militärranges" zu verfahren, macht es sich dann allerdings nötig, dieselben, entsprechend dem in der DStO.[3] niedergelegten militärischen Grundsatze, unter Berücksichtigung ihrer Bildungsstufe und bürgerlichen Stellung in die militärischen Rangklassen einzuordnen.

§ 14.

11. Zivilpersonen.

a) Ehemalige Militärpersonen, z. B. Offiziere usw. a. D. und nicht mehr landsturmpflichtige Mannschaften, können in Kriegszeiten freiwillig in das Heer usw. eintreten oder auch sich freiwillig in die Listen des Landsturms eintragen lassen. Sie gehören vom Tage ihres Eintritts bezw. ihrer auf Grund der freiwilligen Meldung zum Landsturm erfolgten Einberufung bis zum Ablauf des Tages ihrer Entlassung zum aktiven Heere.[4] Sie haben für diese Zeit alle Pflichten übernommen, welche den aktiven Militärpersonen ihrer Art obliegen.

---

[1] Vergl. MStGB. § 158; DStO. f. d. H. §§ 2 und 38; DStO. f. d. M. §§ 2 und 44.

[2] So auch von Koppmann S. 538 u. flg.; Endres S. 141; Hecker, Lehrbuch S. 39; Herz-Ernst S. 218 u. flg. A. M. Solms S. 172.

[3] a. a. O.

[4] Vergl. Reichsmilitärgesetz vom 2. Mai 1874 § 38 B 2 und RG. vom 11. Februar 1888 §§ 26 und 30 in Verbindung mit Reichsmilitärgesetz vom 2. Mai 1874 § 38 B 1.

Dasselbe ist der Fall bei den sich freiwillig meldenden noch nicht 17 Jahre alten[1] oder von der Wehrpflicht befreiten[2] Personen.

b) Angestellte des Schiffes,[3] d. h. durch das Schiffskommando vertragsmäßig angestellte Personen, sind während ihrer Dienstzeit den Militärstrafgesetzen unterworfen.[4] Es kommen hierbei lediglich solche Zivilpersonen in Frage, welche der Kommandant im Auslande annimmt, z. B. Ersatz für den erkrankten Schiffsarzt. In der Heimat beschränkt sich die vertragsmäßige Anstellung auf Köche, Kellner und Barbiere. Diese aber sind, auch wenn Ausländer, vom Tage des Dienstantritts bezw. des Anschlusses an ein ausreisendes Ablösungskommando bis zum Tage des Aufhörens des Dienstes bezw. dem Tage des Abgangs von einem heimgekehrten Ablösungskommando als Personen des Soldatenstandes (Unteroffiziere ohne Vorgesetztenqualität) zu erachten,[5] haben also schon als solche die Pflicht der militärischen Unterordnung.

c) An Bord des Schiffes dienstlich eingeschiffte Personen, welche weder Militärpersonen noch Angestellte des Schiffes sind, haben, sofern sie zu einem Schiffsbesatzungsverbande (z. B. die Schiffsjungen) oder zu dem Stabe einer Kommandobehörde zur See oder einem Transport auf See (z. B. Zivilbeamte) gehören, ihren Vorgesetzten bezw. dem Kapitän gleichfalls militärischen Gehorsam zu leisten. Sie können jederzeit disziplinarisch wegen Vergehens gegen die militärische Zucht und Ordnung bestraft werden.[6] Befindet sich aber das Schiff im Kriegszustande,[7] so können sie sogar auf Grund des MStGB.s zur Verantwortung gezogen werden.[8]

---

[1] Vergl. RG. vom 11. Februar 1888 § 24.

[2] Vergl. oben S. 6.

[3] Schiff in diesem Sinne ist jedes Fahrzeug der Marine, auf welchem ein militärischer Befehlshaber nebst Besatzung eingeschifft ist (vergl. MStGB. § 163), gegebenenfalls auch ein ermietetes Handelsschiff (vergl. Organisatorische Bestimmungen für das Personal des Soldatenstandes der Kaiserlichen Marine Anlage 7).

[4] Vergl. MStGB. § 166; DStO. f. d. M. § 2 Nr. 1 und 3 sowie § 44.

[5] Vergl. MarO. §§ 37 und 37a.

[6] Vergl. DStO. f. d. M. § 2 Nr. 1 und 6.

[7] Als im Kriegszustande befindlich ist abgesehen von einer allgemein verfügten Mobilmachung auch jedes Schiff zu betrachten, welches außerhalb der heimischen Gewässer allein fährt (vergl. MStGB. § 164). Beginn und Aufhören des Kriegszustandes ist der Besatzung usw. jedesmal bekannt zu machen (vergl. AKO. vom 3. Mai 1902 [MarVBl. S. 157]).

[8] Vergl. MStGB. § 166, der über den sich auf den Aufenthalt bei der kriegführenden Flotte beschränkenden § 155 hinausgeht.

d) Alle Personen, welche während eines Krieges sich in irgend einem Dienst- oder Vertragsverhältnisse bei dem kriegführenden Heere (der kriegführenden Marine) befinden oder sonst sich bei ihm (ihr) aufhalten oder ihm folgen, sind der DStO. und dem MStGB., insbesondere den Kriegsgesetzen unterworfen.[1] Von dieser Bestimmung wird der gesamte sogenannte Armeetroß betroffen: Freiwillige Krankenpfleger, Zeitungsberichterstatter, Marketender, Fuhrknechte usw. Sie alle unterstehen der militärischen Disziplin, solange sie irgendwie mit dem kriegführenden[2] Heere usw. in Berührung kommen.

Auch das Gefolge ausländischer Offiziere wird zu diesen Personen gerechnet.[3]

e) Weiter können Nichtmilitärpersonen sich noch an dem militärischen Delikt des Ungehorsams beteiligen und zwar als Anstifter oder Gehilfe. Voraussetzung ist allerdings, daß der militärische Ungehorsam eine strafbare Handlung bezw. ein Verbrechen oder Vergehen im Sinne des RStGB.s ist. Denn das RStGB. ist die Grundlage für die Beurteilung der Handlungen von Nichtmilitärpersonen, nach ihm findet das für die betreffende Handlung maßgebende Gesetz auf Anstifter[4] und Gehilfen[5] Anwendung, und nach ihm ist Anstifter, wer einen anderen zu der von demselben begangenen strafbaren Handlung durch Geschenke usw. vorsätzlich bestimmt hat, Gehilfe, wer dem Täter zur Begehung des Verbrechens durch Rat oder Tat wissentlich Hilfe geleistet hat.

Es ist aber der militärische Ungehorsam, soweit er im MStGB. mit Strafe bedroht ist, je nach den begleitenden Umständen ein militärisches Verbrechen oder ein militärisches Vergehen.[6] Die Einteilung der Straftaten des MStGB.s entspricht ihrem Wesen nach vollkommen der des RStGB.s,[7] und überdies bestimmt auch noch § 2 des MStGB.s ausdrücklich:

---

[1] Vergl. DStO. f. d. H. § 2 Nr. 3; DStO. f. d. M. § 2 Nr. 4; MStGB. § 155.
[2] Über „kriegführendes Heer usw." vergl. oben S. 20.
[3] Vergl. MStGB. § 157.
[4] Vergl. RStGB. § 48.
[5] Vergl. RStGB. § 49.
[6] Vergl. MStGB. §§ 92, 93, 94, 95 in Verbindung mit § 1.
[7] So auch RGE. Bd. 15 S. 399 u. flg.

„Diejenigen Bestimmungen, welche nach den Vorschriften des Deutschen Strafgesetzbuches in Beziehung auf Verbrechen und Vergehen allgemein gelten, finden auf militärische Verbrechen und Vergehen entsprechende Anwendung."

Es kann somit keinem Zweifel unterliegen, daß auf den militärischen Ungehorsam die allgemeinen Vorschriften des RStGB.s entsprechende Anwendung zu finden haben, daß der militärische Ungehorsam ein Verbrechen oder Vergehen im Sinne des RStGB.s ist.

Nun bestimmt aber RStGB. § 50:

„Wenn das Gesetz die Strafbarkeit einer Handlung nach den persönlichen Eigenschaften oder Verhältnissen desjenigen, welcher dieselbe begangen hat, erhöht oder vermindert, so sind die besonderen Tatumstände dem Täter oder demjenigen Teilnehmer (Mittäter, Anstifter, Gehilfe) zuzurechnen, bei welchem sie vorliegen."

Dies hat vereinzelt zu der irrigen Ansicht geführt, daß nur derjenige fähig wäre, Teilnehmer einer strafbaren Handlung zu sein, der diese auch als Täter hätte begehen können. Doch die Vorschrift des § 50 RStGB.s ist strikte zu interpretieren. Sie hat nur den Fall im Auge, daß die persönlichen Eigenschaften oder Verhältnisse die Strafbarkeit der Handlung erhöhen oder vermindern, läßt aber den vollkommen unberührt, daß sie ein an sich strafbares Tun erst zu einem strafbaren machen, die Strafbarkeit erst begründen.[1]

Das MStGB. ist Reichsgesetz, und ein Reichsgesetz richtet sich stets an alle Volksgenossen, auch dann, wenn es in erster Linie als sogenanntes Sonderrecht nur für bestimmte, näher bezeichnete Personengruppen Geltung haben soll. „Denn die Rechtsgüter, die zunächst nur einem engeren Kreise der Untertanen erreichbar sind und in ihrer Totalität sowie selbständig nur von diesen gefährdet oder verletzt werden können, fordern Respektierung ihrer Unverletztheit von allen."[2] Wo eine Sondervorschrift die Täterschaft an dem von ihr aufgestellten Delikt verbietet, verbietet sie auch die Anstiftung und Beihilfe dazu und ist insoweit eine allgemeine Vorschrift.[3] Es ist der Ungehorsam gegen den militärischen Vorgesetzten durch das MStGB.

[1] So auch Binding, Grundriß S. 140; Olshausen, Kommentar Bd. 1 S. 203; von Liszt S. 214 u. flg.; Berner S. 171; RGE. Bd. 6 S. 415.

[2] Vergl. Nagler S. 115.

[3] Vergl. Binding, Handbuch Bd. 1 S. 185.

unter Strafe gestellt, folglich ist auch die Anstiftung und Beihilfe dazu verboten, und zwar nicht bloß den Militärpersonen, sondern allgemein, d. h. auch den Zivilisten.[1]

Anders steht es mit dem militärischen Ungehorsam, soweit er nur disziplinarisch geahndet werden kann. Er ist kein militärisches Verbrechen oder Vergehen, folglich auch kein Verbrechen oder Vergehen im Sinne des RStGB.s. Eine Beihilfe zu ihm muß demnach straflos bleiben.[2] Immerhin ist er aber eine strafbare Handlung, doch auch dies ist er nicht im Sinne des RStGB.s. Die DStO. ist nicht Gesetz, sie ist vom Kaiser erlassen und bindet nur die, welche sie

---

[1] Zu demselbem Ergebnis kommen: Hecker, Lehrbuch S. 88; Hecker, Abhandlungen S. 76; Herz-Ernst S. 55; Endres S. 7; H. Meyer S. 229; das Reichsgericht in konstanter Rechtsprechung: RGE. Bd. 6 S. 8; Bd. 15 S. 400 u. flg., Bd. 25 S. 234 u. flg., Bd. 27 S. 159 u. flg.

A. M. von Koppmann S. 159 u. flg., welcher der angeblich klar ersichtlichen Absicht des Gesetzgebers zuviel Bedeutung beimißt. Nicht auf den Willen des Gesetzgebers, sondern auf den Inhalt des Gesetzes kommt es an. Auch die Begründung, welche sich darauf stützt, daß bei der im Text vertretenen Ansicht die §§ 112, 141, 142 Abs. 2 und 143 Abs. 2 des RStGB.s überflüssig seien, ist nicht stichhaltig. Sie übersieht, daß das RStGB. vor dem MStGB. erlassen worden, zu einer Zeit, da es ein einheitliches deutsches Militärstrafgesetzbuch noch nicht gab, in den meisten deutschen Staaten aber das Preußische Militärstrafgesetzbuch von 1845 in Geltung war, welches seine Anwendbarkeit in § 1 ausdrücklich auf die der Militärgerichtsbarkeit Unterworfenen beschränkte, daß also damals die genannten Gesetzesstellen durchaus notwendig waren. Aber auch heute nach Erlaß des MStGB.s und bei Bejahung der Frage, ob Zivilpersonen Teilnehmer rein militärischer Delikte sein können, ist es nicht möglich, die angeführten Stellen des RStGB.s zu streichen, ohne das materielle Recht zu ändern. Der Wegfall des § 112 würde, da § 49a nur die Aufforderung zum Verbrechen des Ungehorsams mit Strafe bedrohen würde, die Aufforderung zum Vergehen und zur Disziplinarverfehlung des Ungehorsams für den Zivilisten straflos machen, der Wegfall des § 141 würde einerseits eine Bestrafung des Werbens zugunsten des Auslandes unmöglich machen andererseits die betreffs der Verleitung oder Hilfeleistung zur Desertion durchaus beabsichtigte (vergl. Motive zu § 113 des Entwurfs zum MStGB.) mildere Beurteilung der Zivilpersonen beseitigen, und der Wegfall von § 142 Abs. 2 sowie § 143 Abs. 2 würde zur Folge haben, daß den zur Selbstverstümmelung usw. Hilfe leistenden Zivilisten nur die Versuchsstrafe treffen dürfte anstatt der hier für notwendig erachteten Täterschaftsstrafe. — A. M. auch Fr. Koppmann.

[2] Vergl. RStGB. § 49. — Militärpersonen können in diesem Falle jedoch wegen Verstoßes gegen die militärische Zucht und Ordnung disziplinarisch bestraft werden (vergl. DStO. § 1 Nr. 1).

infolge Gesetzes[1] binden kann. Eine für die Allgemeinheit geltende Vorschrift ist also aus der DStO. nicht zu entnehmen, und deshalb kann auch die Anstiftung zu den in Rede stehenden leichteren Ungehorsamsfällen als solche für Nichtmilitärpersonen eine Bestrafung nicht zur Folge haben.[2]

Zum Begriff der Anstiftung gehört, daß die betreffende Handlung Erfolg gehabt hat. Fehlt ihr der Erfolg, so liegt nur Aufforderung oder Anreizung vor. Ein Zivilist, der sich der Aufforderung oder Anreizung zum militärischen Ungehorsam schuldig macht, hat Strafe zu gewärtigen, und dies auch schon dann, wenn es sich nur um einen ausschließlich disziplinarisch zu sühnenden Ungehorsam handelt. Er wird bestraft, weil das RStGB.[3] eine derartige Aufforderung usw. zu einem selbständigen bürgerlichen Delikt gestempelt hat. Eine Beteiligung an einem militärischen Delikt ist seine Handlung nicht.

B. Die zu militärischem Gehorsam nicht Verpflichteten.

§ 15.

Aus den bisherigen Feststellungen geht hervor, daß unter Umständen jede deliktsfähige Person als Täter oder Teilnehmer des militärischen Ungehorsamsdelikts in Betracht kommen kann. Doch da handelt es sich stets um Ausnahmefälle. Von diesen abgesehen, sind es nur die Militärpersonen im Sinne des MStGB.s, welche sich der in Rede stehenden strafbaren Handlung schuldig machen können.

Um Zweifeln zu begegnen, sei noch besonders darauf hingewiesen, daß wegen ihrer Eigenschaft als solche für militärischen Ungehorsam nicht zur Rechenschaft gezogen werden können:

1. Die verabschiedeten Offiziere, Sanitätsoffiziere und Ingenieure des Soldatenstandes.

Die Offiziere usw. a. D. gehören ebensowenig zum Heere wie die Offiziere z. D.[4] Auch ihre Rechte und Pflichten regeln sich aus-

[1] Reichsmilitärgesetz vom 2. Mai 1874 § 8 (RGBl. S. 47).

[2] Da jedoch in jeder Anstiftung auch eine Aufforderung liegt, würde in diesem Falle Strafe entsprechend RStGB. § 112, der die Aufforderung, dem „Befehle des Oberen, ganz allgemein“ nicht Gehorsam zu leisten, unter Strafe stellt, eintreten.

[3] RStGB. § 112.

[4] Vergl. oben S. 15 u. flg.

schließlich nach denjenigen Vorschriften, welche speziell für sie erlassen sind. In erster Linie sind hier die Pensionsgesetze zu nennen. Doch darf man in diese nicht mehr hineinlegen, als in ihnen enthalten ist.

Wenn daraus, daß in dem Reichsmilitärpensionsgesetz[1] die Möglichkeit einer vorübergehenden Heranziehung von Offizieren a. D. zum aktiven Dienste erwähnt wird, gefolgert worden ist,[2] daß die Offiziere a. D., soweit sie wenigstens Pension beziehen, noch eine „subsidiäre und beschränkte Dienstpflicht" hätten, indem sie im Notfalle zu militärischen Diensten, zu welchen sie ihrem Gesundheitszustande nach geeignet seien, herangezogen werden könnten, so ist das ein Irrtum. Auf gleiche Weise könnte man auch eine Verpflichtung zum Wiedereintritt nach erfolgter Genesung begründen. Die Möglichkeit einer Heranziehung zum Dienst oder einer Reaktivierung besteht allerdings, aber diese können nur stattfinden, wenn der verabschiedete Offizier freiwillig darauf eingeht. Von einer Verpflichtung dazu kann keine Rede sein.[3] Deshalb ist auch die Weigerung, eine angetragene Dienststelle zu übernehmen, für einen Offizier a. D. kein Ungehorsam, deshalb steht er auch nicht im entferntesten unter der Kontrolle des Bezirkskommandos. Die verabschiedeten Offiziere sind laut ausdrücklicher Bestimmung[4] von der ferneren Ableistung einer etwa noch bestehenden gesetzlichen Dienstpflicht entbunden. Sie sind keine Militärpersonen mehr im Sinne der Reichsgesetzgebung, und eine besondere Vorschrift, welche sie den Militärbehörden unterstellt, ist nicht erlassen worden. Daher hat weder das MStGB. noch die DStO. Bezug auf sie; sie haben keinen militärischen Vorgesetzten mehr, sind nicht mehr fähig, das militärische Delikt des Ungehorsams zu begehen.

Und daran kann auch das ihnen etwa verliehene Recht, Militäruniform zu tragen, nichts ändern. — Die Offiziere z. D. und die des Beurlaubtenstandes haben militärische Vorgesetzte. Sie sind ihnen Gehorsam schuldig im dienstlichen Verkehr und wenn sie sich durch Anlegen der Uniform als Untergebene dokumentieren. Das Kleid allein macht aber den Offizier nicht, ebensowenig, wie ein sich in Uniform zeigender Hochstapler die Rechte und Pflichten eines Offiziers erhält. Wer

[1] Vergl. RG. vom 27. Juni 1871 § 34 (RGBl. S. 283).
[2] Vergl. Laband Bd. 4 S. 198; Haas in Goltdammers Archiv 1883 S. 211.
[3] So auch Hecker, Abhandlungen S. 104 u. flg.
[4] HO. § 49.

überhaupt nicht Untergebener sein kann, den kann auch das Tragen der Uniform, und sei es das berechtigte Tragen derselben, nicht zum Untergebenen machen. Die Uniform bedeutet für den verabschiedeten Offizier usw. nur einen Schmuck und eine angenehme Erinnerung an schöne vergangene Zeiten, an die Blütezeit seines Lebens, sie hat Wert lediglich auf gesellschaftlichem Gebiete. Die einzige Pflicht, die mit dem Rechte zum Tragen der Uniform verbunden ist, ist die, sich derselben würdig zu zeigen und sich den militärischen Ehrengerichten unterzuordnen.[1] Das bringt mit sich, daß der zum Tragen der Uniform berechtigte Offizier a. D. den Anordnungen, Ladungen usw. des Ehrengerichts Folge leisten muß, und daß ihm im Weigerungsfalle die Uniform entzogen werden kann.[2] Doch auch dieser geringe Grad der geforderten Unterordnung berührt mehr das gesellschaftliche als das militärische Gebiet. Eine Pflicht zu „militärischem Gehorsam" kann man darin nicht erblicken.[3]

Übernehmen Offiziere usw. a. D. eine aktive Dienststelle, so treten sie damit in das Heer wieder ein. Sie haben dann die Pflichten der aktiven Offiziere.[4]

§ 16.

2. Die Kadetten und Unteroffiziervorschüler.

Im Gegensatz zu den Seekadetten[5] und Unteroffizierschülern,[6] welche von der Einstellung an zu den Personen des Soldatenstandes gehören, zählen die Kadetten und die Zöglinge der Unteroffizierschulen nicht zu den Militärpersonen. Sie sind weder den Militärstrafgesetzen

---

[1] Vergl. Allerhöchste Verordnung über die Ehrengerichte der Offiziere vom 2. Mai 1874 § 4 Nr. 5; Allerhöchste Verordnung über die Ehrengerichte der Sanitätsoffiziere vom 9. April 1901 § 4 Nr. 4.

[2] Ob und in wie weit bei dieser Entziehung das Ehrengericht selbständige Entschlüsse fassen kann oder nur vorbereitend für die Maßnahmen des Allerhöchsten Kriegsherrn tätig ist, kann hier nicht weiter erörtert werden.

[3] Vergl. auch Hecker, Abhandlungen S. 87 u. flg.

[4] Vergl. oben S. 21.

[5] Vergl. Vorschriften über die Ergänzung des Seeoffizierkorps Nr. 15.

[6] Vergl. Dienstvorschrift für die Infanterieschulen Nr. 203; Dienstvorschrift für die Königlich Sächsischen Infanterieschulen Nr. 138.

noch der DStO. f. d. H. unterworfen.[1] Anstatt dessen gilt aber für sie eine besondere DStO.,[2] welche mehr den Charakter einer Schulordnung hat.

§ 17.

3. Die Studierenden der Kaiser Wilhelms-Akademie.

Die Studierenden der Kaiser Wilhelms-Akademie stehen zwar während der Studienzeit unter der Militärstrafgerichtsbarkeit,[3] aber Militärpersonen sind sie deshalb noch nicht. Sie können ein militärisches Delikt nur insoweit begehen, als es jede beliebige deliktsfähige Person tun kann, oder als sie nach dem halbjährigen Waffendienst zu den Personen des Beurlaubtenstandes gehören.

Allerdings stehen sie vom Tage ihrer Aufnahme an unter der Disziplinarstrafgewalt des Direktors und des Subdirektors der Akademie.[4] Doch beruht dies nicht auf der Annahme ihrer Zugehörigkeit zum Heere, sondern auf einer besonderen Einrichtung der Anstalt, so daß die Disziplinarvorschriften hier lediglich den Charakter einer Hausordnung tragen.

III. Die Tat.

§ 18.

1. Übersicht.

Der Tatbestand des militärischen Delikts des Ungehorsams charakterisiert sich durch Nichtbefolgung oder eigenmächtige Abänderung oder Überschreitung eines von einem Befehlsberechtigten gegebenen Befehls. Voraussetzungen des Delikts sind also: das Vorliegen eines Befehls, die Erteilung desselben durch einen Befehlsberechtigten und die Handlung des Täters.

[1] Vergl. Dienstvorschrift für die Infanterieschulen Nr. 208; Dienstvorschrift für die Königlich Sächsischen Infanterieschulen Nr. 143.

[2] Vergl. ebenda Nr. 210 bezw. 145.

[3] Vergl. MStGO. § 1 Nr. 3.

[4] Vergl. Bestimmungen über die Aufnahme von Studierenden in die Kaiser Wilhelms-Akademie für das militärärztliche Bildungswesen zu Berlin § 8 und die Verordnung über die Organisation des Sanitätskorps vom 6. Februar 1873 §§ 16 und 17.

§ 19.

2. Der Befehl.

„Militärischer Befehl ist die dienstliche Anordnung irgend eines militärischen Vorgesetzten, welche dem Untergebenen ein Tun oder Unterlassen gebietet.“[1]

In den in Betracht kommenden Gesetzen und Vorschriften werden unterschieden:

„Befehl in Dienstsachen“,[2] auch genannt „Befehl in dienstlichen Angelegenheiten“,[3]

„Dienstbefehl“,[4]

„Befehl“[5] schlechthin.

Der heutige Sprachgebrauch kennt einen Unterschied zwischen „Befehl in Dienstsachen“ und „Dienstbefehl“ nicht. Doch zwingt die im ganzen MStGB. durchgeführte Unterscheidung dieser beiden Arten von Befehlen dazu, nach einem Unterschiede zu suchen.[6] Er kann nur zu finden sein in dem Sprachgebrauch zur Zeit des Erlasses des Gesetzes, und für diesen ist, nach ihrer Zusammensetzung zu urteilen, wohl der gewichtigste Zeuge die sogenannte Immediatkommission, welche den Entwurf des Gesetzes bearbeitet hat. Sie hat ihre diesbezügliche Ansicht in den Motiven zum Entwurf folgendermaßen zum Ausdruck gebracht:[7]

> „Nach militärischer herkömmlicher Sprachweise unterscheidet sich aber der Dienstbefehl von dem Befehl in Dienstsachen dadurch, daß unter ersterem ein jeder Befehl irgend eines militärischen Vorgesetzten verstanden wird, letzterer nur derjenige Befehl eines dienstlich Vorgesetzten ist, welcher eine Dienstangelegenheit betrifft.“

Nach dieser Definition ist unter „Dienstbefehl“ jede Weisung zu verstehen, die ihrer Form nach die Geltendmachung der dienstlichen

---

[1] Hecker, Artikel „Befehl“ in von Stengels Wörterbuch des deutschen Verwaltungsrechts Bd. 1 S. 144 u. flg.

[2] MStGB. §§ 92, 94.

[3] MStGB. § 113.

[4] MStGB. §§ 58, 94, 96; KA. 12.

[5] RStGB. § 112; KA. 11.

[6] Binding, Lehrbuch Bd. 2 S. 860 hält einen Unterschied für im Gesetz nicht begründet.

[7] Motive zu § 58 des Entwurfs zum MStGB.

Autorität seitens des militärischen Vorgesetzten erkennen läßt. Der „Dienstbefehl", der Befehl eines militärischen Vorgesetzten, steht im Gegensatz zu dem Befehl eines nichtmilitärischen Vorgesetzten, er steht im Gegensatz zu dem „Amtsbefehl", dem Befehl des Trägers einer Amtsgewalt, z. B. eines amtlich Vorgesetzten einer zur Probedienstleistung bei einer Zivilbehörde befehligten Militärperson. Ungehorsam gegen einen solchen Befehl ist kein militärischer Ungehorsam. Immerhin ist er, weil Mangel an militärischem Takt verratend und dadurch das Ansehen der Truppe schädigend, disziplinarisch strafbar.

Da der „Dienstbefehl" ein jeder Befehl irgend eines militärischen Vorgesetzten ist, so begreift er sowohl den Befehl in Dienstsachen als auch den Befehl in Privatsachen in sich.[1]

Nicht so klar ist, was der Entwurf mit „Befehl in Dienstsachen" hat bezeichnen wollen. Nach ihm soll er sein „derjenige Befehl eines dienstlich Vorgesetzten, welcher eine Dienstangelegenheit betrifft".

Was ist ein „dienstlich Vorgesetzter"?

Was ist eine „Dienstangelegenheit"?

Nicht dienstlich Vorgesetzte gibt es bei dem Militär nicht, denn das Vorgesetztenverhältnis beruht ausschließlich auf den Dienstvorschriften. Die sogenannten „unmittelbaren Vorgesetzten" (das sind die früher als „direkte Vorgesetzte" bezeichneten Disziplinarvorgesetzten des Untergebenen und die den Dienstweg zwischen beiden vermittelnden niederen Chargen) können auch nicht gemeint sein. Denn, wenn auch der unmittelbare Vorgesetzte für die Ausbildung des Mannes verantwortlich ist und daher Anspruch darauf hat, daß dieser ganz besonders auf seine Befehle achtet, so entbindet das den Soldaten doch keineswegs von dem Gehorsam auch gegenüber den anderen Vorgesetzten.[2] Eine Vorschrift, welche ausschließlich den Ungehorsam gegenüber unmittelbaren Vorgesetzten mit gerichtlicher Strafe belegt, würde geradezu widersinnig sein. Wenn der Ungehorsam gegenüber den allgemeinen Vorgesetzten, und handele es sich auch um die wichtigsten Dienstangelegenheiten, nur als leichte Disziplinarverfehlung angesehen würde, so müßte das in der Schlacht, wenn die Verbände durcheinander geraten

---

[1] So auch Hecker S. 151; Hecker, Lehrbuch S. 91; Keller S. 132; Herz-Ernst S. 55; Olshausen S. 30. A. M. von Koppmann S. 338 u. flg.; Solms S. 61 u. flg.

[2] So auch van Calker S. 97.

sind, die ungeheuerlichsten Folgen zeitigen. Es könnte nie der Befehl eines vielleicht sehr hochstehenden allgemeinen Vorgesetzten, da minderwertig, den früheren, aber von den Tatsachen längst überholten oder auch von Anfang an unsachgemäßen Befehl eines noch unerfahrenen unmittelbaren Vorgesetzten abändern, es wäre unmöglich, versprengte Leute zu sammeln und erneut dem Feinde entgegenzuführen, ja der Verlust des Führers müßte mit zwingender Notwendigkeit Disziplinlosigkeit und schließlich eine Niederlage zur Folge haben. Und das alles sollte beabsichtigt sein in einem Heere, in dem immer wieder darauf hingewiesen wird, daß jeder, der zu einer höheren Rangklasse gehört, Vorgesetzter des im Range Tieferen ist? Was soll der Name „Vorgesetzter", wenn ihm die Eigenschaft als solcher, die Machtbefugnisse desselben nicht gegeben sind? Nein, die Motive können unter dem „dienstlich Vorgesetzten" unmöglich nur den „unmittelbaren Vorgesetzten" verstanden haben.[1] Es können die Worte nichts anderes sein, als eine Umschreibung des kurz zuvor gebrauchten Ausdrucks „militärischer Vorgesetzter", genau so wie das Wort „Dienstangelegenheit" nur eine Umschreibung des vorher verwendeten Ausdrucks „Dienstsache" ist.

Was nun unter „Dienstsachen" oder „Dienstangelegenheiten" zu verstehen ist, darüber ist kaum Meinungsverschiedenheit. Es wird allgemein alles darunter verstanden, was irgendwie mit dem Dienste oder den dienstlichen Verhältnissen in Verbindung steht.[2]

So ist also der Befehl in „Dienstsachen" ein in den Bedürfnissen des Heeresdienstes wurzelnder Befehl irgend eines militärischen Vorgesetzten. Er ist eine Unterart des „Dienstbefehls" und steht im Gegensatz zu dem „Befehl in Privatsachen".[3]

Wenn nun aber in dem RStGB.[4] und den KA.[5] von „Befehl"

---

[1] So auch Hecker, Abhandlungen S. 55; von Koppmann S. 165 u. 336; RMGE. Bd. 1 S. 111 u. Bd. 2 S. 73 u. flg.

[2] So auch Hecker, Lehrbuch S. 91 und 202; Weiffenbach-Wolf S. 47; van Calker S. 99; von Koppmann S. 336; Herz-Ernst S. 55. A. M. Solms S. 61.

[3] Die Besorgung von Privatangelegenheiten ihrer Herren gehört zu dem Dienst der zur persönlichen Bedienung von Offizieren usw. befehligten Burschen und Ordonnanzen. Daher ist ein ihnen erteilter Befehl, der Privatangelegenheiten ihrer Herren betrifft, ein „Befehl in Dienstsachen".

[4] RStGB. § 112.

[5] KA. 11.

schlechthin, von „Befehl des Oberen“, „Befehlen der Offiziere und Unteroffiziere“ die Rede ist, so kann darunter auch nichts anderes verstanden werden als irgend ein Befehl eines militärischen Vorgesetzten, als ein „Dienstbefehl.“[1]

In Privatsachen Befehle zu erteilen, ist der Vorgesetzte nicht befugt.[2] Erteilt er dennoch einen solchen, so hat der Untergebene nicht das Recht, den Befehl unausgeführt zu lassen.[3] Er muß ihn befolgen, darf sich aber dann bei den höheren Vorgesetzten beschweren.[4] Trotz der Verbindlichkeit des Befehls in Privatsachen ist jedoch der Ungehorsam gegen ihn kein militärisches Vergehen, er ist bloß eine Disziplinarverfehlung.[5]

Ungehorsam gegen einen Befehl in Dienstsachen ist stets zum mindesten ein Vergehen.[6] Die begleitenden Umstände können ihn aber auch zum Verbrechen stempeln.[7]

Daß der Befehl ein rechtmäßiger sei, wird im allgemeinen nicht gefordert.[8] Er darf nur nicht offenbar die Verübung eines bürgerlichen oder militärischen Verbrechens oder Vergehens bezwecken.[9] Ein Befehl muß aber doch rechtmäßig, d. h. in Gemäßheit der Dienstordnung erteilt[10] sein, um Gehorsam zu heischen. Das ist der Befehl, durch den ein dienstlicher Verkehr mit einer Person des Beurlaubten-

---

[1] Vergl. auch RGE. Bd. 27 S. 410.

[2] Vergl. MStGB. § 114.

[3] So auch von Koppmann S. 358; Hecker, Abhandlungen S. 56.

[4] Vergl. Beschwerdeordnung I Ziffer I A 1 und II 1; Beschwerdeordnung II Ziffer I 1.

[5] Vergl. DStO. f. d. H. § 1 Nr. 1; DStO. f. d. M. § 1 Nr. 1.

[6] Vergl. MStGB. § 92.

[7] Vergl. MStGB. § 93 Abs. 1, § 95 Abs. 2, § 55.

[8] Wenn RMGE. Bd. 7 S. 175 die Rechtmäßigkeit als Erfordernis des Befehls in Dienstsachen ansieht, so meint sie damit, wie sich aus dem Zusammenhang ergibt, daß der Befehl von einem Befehlsberechtigten ausgehen muß. Daß der Befehl in Dienstsachen rechtmäßig im Sinne von dem Inhalte nach dem Rechte entsprechend nicht zu sein braucht, ergibt sich aus MStGB. § 47. Denn dort ist von einem Befehl in Dienstsachen die Rede, dessen Ausführung ein Strafgesetz verletzt, dessen Unrechtmäßigkeit also außer Zweifel steht. (So auch von Koppmann S. 336 u. flg.)

[9] Vergl. MStGB. § 47 Nr. 2.

[10] Vergl. DStO. f. d. H. § 23; DStO. f. d. M. § 27, welche MStGB. § 113 entsprechen.

standes hergestellt wird. Ist dieser dienstliche Verkehr erst einmal im Gange, so fällt die Forderung der Rechtmäßigkeit für die weiteren Befehle weg.[1]

Die Form des Befehls ist nicht vorgeschrieben. Der Befehl kann mündlich, schriftlich, durch Zeichen und Signale erteilt werden. Wesentlich ist nur, daß dem Untergebenen klar ersichtlich wird, daß die Willensäußerung des Vorgesetzten ein an ihn gerichteter Befehl ist, für ihn ein dienstliches Gebot oder Verbot bedeutet.[2]

Den Motiven zum Entwurf des MStGB.s[3] folgend hat die Praxis allgemein als feststehend erachtet, daß der Begriff „Befehl" nicht auf den nur für einen bestimmten Fall gegebenen Befehl zu beschränken sei, daß vielmehr auch allgemeine dienstliche Anordnungen, durch die alle gleichartigen Fälle ein für allemal geregelt werden, als „Befehle" anzusehen sind. Folgerichtig müssen auch alle Dienstvorschriften und Instruktionen, soweit sie für bestimmte Fälle ein bestimmtes Tun oder Unterlassen vorschreiben und den betreffenden Militärpersonen zur Nachachtung mitgeteilt sind, die Wirkung von Befehlen haben. Von Offizieren verlangt man zwar, daß sie sich selbständig über die geltenden Vorschriften orientieren, aber es ist unmöglich, alle Instruktionen und Reglements zu kennen. Daher wird einem Offizier vor einer Verurteilung wegen Ungehorsams erst nachgewiesen werden müssen, daß er die betreffende Vorschrift kannte. Mannschaften dagegen sind ausdrücklich auf die in Frage kommende Instruktion hinzuweisen,[4] wenn diese für sie einen Befehl in Dienstsachen bedeuten soll. Das Reichsmilitärgericht urteilt unter dem 29. März 1902:[5]

„Der Soldat ist verpflichtet, sich an diejenigen Belehrungen zu halten, welche ihm in der Instruktionsstunde eingeprägt sind. Sie ergänzen die Dienstvorschrift, und dem Untergebenen gegenüber stellt sich die letztere als Befehl in Dienstsachen in der Auslegung dar, welche ihr in der Instruktionsstunde gegeben ist."

[1] Vergl. MStGB. § 113.

[2] So auch Haenel Bd. 1 S. 474.

[3] Motive zu § 58 des Entwurfs zum MStGB.

[4] Dies kann auch durch Aushändigung einer gedruckten Dienstvorschrift geschehen. Man denke an einen als Aufseher in der Schwimmanstalt befehligten Unteroffizier, oder an den Küchenunteroffizier, Kammerunteroffizier usw.

[5] RMGE. Bd. 2 S. 250.

Das ist auch die allgemeine Ansicht. Wenn also den Mannschaften durch die Belehrung klar geworden, daß die Instruktion für sie maßgebend ist und von ihnen befolgt werden muß, so liegt auf jeden Fall ein Befehl in Dienstsachen vor. Eine besondere Erklärung des Vorgesetzten, daß auch er für seine Person die Innehaltung der Instruktion gebiete, ist keinesfalls erforderlich.[1]

Eine eigenartige Instruktion sind die KA. Sie enthalten eine Menge von Direktiven, die, weit entfernt, für bestimmte Fälle ein bestimmtes Tun oder Unterlassen vorzuschreiben, als Befehle nicht angesehen werden können, sondern nur als allgemeine Pflichtenlehre zu bezeichnen sind.[2] Sie enthalten aber auch eine ganze Anzahl bestimmter Befehle, deren Nichtachtung nur deshalb nicht als Ungehorsam gegen einen Befehl in Dienstsachen geahndet werden kann, weil sie im MStGB. zu selbständigen Verbrechen oder Vergehen gestempelt sind. Was nun aber die erstgenannten Direktiven anlangt, so ist dem Reichsmilitärgericht[3] durchaus Recht zu geben, wenn es sagt, daß Zuwiderhandlungen gegen diese nur dann als Ungehorsam gegen einen Befehl in Dienstsachen anzusehen sind, wenn in Anwendung der allgemeinen militärischen Pflichtenlehre auf konkrete Verhältnisse seitens der zuständigen Befehlshaber besondere Befehle gegeben worden sind.

Allgemeine Mahnungen sind eben keine Befehle. Zu dem Begriff des Befehls gehört immer eine genaue Festsetzung dessen, was getan oder unterlassen werden soll.

Zu erörtern ist noch, wie lange ein Befehl in Kraft bleibt und Gehorsam fordert. Dies ist regelmäßig so lange der Fall, bis daß der Befehl aufgehoben wird. Eine solche Aufhebung geschieht auf zweierlei Weise: entweder der Befehl gerät in Vergessenheit und verliert damit seine Wirkung[4] oder er wird durch einen anderen Befehl widerrufen bezw. abgeändert. Wenn nun nach allgemeinen Rechtsgrundsätzen ein späterer Rechtssatz den auf den gleichen Tatbestand

---

[1] Vergl. von Koppmann S. 165 und 338; Hecker, Lehrbuch S. 203.

[2] Vergl. Rundschreiben des früheren preußischen Generalauditoriats vom 20. Januar 1887.

[3] RMGE. Bd. 2 S. 250.

[4] Der Theorie nach ist es zwar mit militärischer Disziplin unvereinbar, daß ein Befehl in Vergessenheit gerät, doch läßt es sich nicht leugnen, daß dies in der Praxis oft geschieht, namentlich bei Wechsel im Kommando.

gegebenen früheren nur dann aufhebt, wenn er aus einer gleichstarken oder stärkeren Quelle als der frühere geflossen ist, so läßt sich diese für Rechtssätze geltende allgemeine Regel auf militärische Befehle schon infolge der Eigenart der militärischen Verhältnisse nicht anwenden. Hier muß jeder Vorgesetzte die Verantwortung für den von ihm erteilten Befehl übernehmen. Läßt sich daher ein Befehl des anwesenden Vorgesetzten mit dem früheren Befehl eines abwesenden Vorgesetzten nicht vereinbaren, so ist der erstere, auch wenn der anwesende dem abwesenden Vorgesetzten untergeordnet ist, auszuführen, sofern der über die Sachlage aufgeklärte anwesende Vorgesetzte seinen Befehl aufrecht erhält.[1] Sollte dieser zweite Befehl nicht persönlich gegeben, sondern nur übermittelt sein, so ist er allerdings nur dann zu befolgen, wenn aus ihm hervorgeht, daß der zweite Vorgesetzte von dem Befehl des ersten, höheren Vorgesetzten Kenntnis gehabt hat. Daß jedem Vorgesetzten, dessen Befehl nicht nachgekommen werden kann, sobald als möglich diese Tatsache nebst dem Grunde dazu zu melden ist, ist selbstverständlich.

§ 20.

3. Der Befehlsberechtigte.

Befehlsberechtigt sind nur die militärischen Vorgesetzten und die zum Wacht- oder militärischen Sicherheitsdienste befehligten Personen des Soldatenstandes.

Wer Vorgesetzter eines anderen ist, kann in jedem einzelnen Falle nur nach den tatsächlichen Verhältnissen beurteilt werden. Als Regel gilt, daß jeder im Range Höhere Vorgesetzter des im Range Niederen ist, daß aber auch bei gleichem Range durch eine allgemeine Bestimmung oder durch besondere Anordnung eines gemeinschaftlichen höheren Vorgesetzten einer dem anderen übergeordnet werden kann.[2] Als in gleichem Range stehend gelten in dieser Beziehung die zu ein und derselben Hauptklasse gehörenden Offiziere, desgleichen das gesamte Unteroffizierkorps, so daß ein Unterordnungsverhältnis zwischen Offizieren einer Hauptklasse untereinander, sowie zwischen den einzelnen Chargen der Unteroffiziere an sich nicht besteht. Indessen ist jeder Offizier und

---

[1] So auch Herz-Ernst S. 120; von Koppmann S. 333 u. flg.; Hecker, Lehrbuch S. 203; van Calker S. 100. A. M. Solms S. 108.

[2] Vergl. Motive zu § 105 des Entwurfs zum MStGB.

Unteroffizier berechtigt, sich zu einer nach dem Dienstgrade oder dem Patent oder dem Dienstalter unter ihm stehenden Person des Soldatenstandes in allen Fällen, in denen diese den Standespflichten entgegenhandelt, in das Verhältnis eines Vorgesetzten zu setzen.[1] Und aus diesem Recht hat sich der militärdienstliche Grundsatz entwickelt, daß bei dem Fehlen eines ausdrücklich dazu bestimmten Führers der jedesmal dienstälteste Offizier oder Unteroffizier das Kommando von selbst übernimmt und damit alle Rechte und Pflichten eines Vorgesetzten gegenüber allen zu dem gleichen Dienste Versammelten erhält. Auch dann, wenn durch besondere Anordnung unter mehreren Personen von gleichem Range eine für die Dauer und den Umfang eines bestimmten Dienstes zum Vorgesetzten der anderen ernannt wird, wird meist der Dienstälteste gewählt. Doch ist es keineswegs ausgeschlossen, daß in solchem Falle auch ein Dienstjüngerer, ja sogar einer, der einen niedrigeren Dienstgrad derselben Rangklasse bekleidet, zum Vorgesetzten bestellt wird. Es kann ein Major und Regimentskommandeur einem Oberstleutnant und Bataillonskommandeur übergeordnet werden, es kann auch ein Unteroffizier in seiner Eigenschaft als Führer des Trompeterkorps Vorgesetzter eines Sergeanten sein und dergleichen mehr.[2]

Bisweilen kommt es auch vor, daß in Ermangelung anwesender Vorgesetzter der dem Dienst- oder auch Lebensalter nach älteste Gefreite oder Gemeine aus eigener Initiative das Kommando über seine Kameraden übernimmt. Ein solcher Kommandoführer ist, so ersprießlich seine Tätigkeit im Einzelfalle, z. B. in der Schlacht, wenn alle Führer gefallen, auch sein mag, nicht Vorgesetzter. Er kann nur überreden, nur durch sein Beispiel wirken, befehlen kann er nicht. Um Vorgesetzter zu werden, ist für ihn unbedingt erforderlich, daß er von einer Militärperson, welche sowohl ihm wie seinen nunmehrigen Untergebenen übergeordnet ist, ausdrücklich zum Vorgesetzten ernannt ist und daß diese Tatsache den Betroffenen formell bekannt gemacht wird. Und diese Ernennung ist nicht etwa an einen bestimmten Rang des Ernennenden, z. B. an die Befehlshaber vom Kompagniechef aufwärts, gebunden. Nein, auch ein Unteroffizier, der plötzlich von einem Dienst, den er

[1] Vergl. Preußische AKO. vom 30. Oktober 1865; Organisatorische Bestimmungen für das Personal des Soldatenstandes der Kaiserlichen Marine § 3 Nr. 2; DStO. f. d. H. § 7.

[2] Vergl. Motive zu § 105 des Entwurfs zum MStGB.; RMGE. Bd. 1 S. 212

leitet, abgerufen wird, kann einen Gemeinen mit der Aufsicht über die Fortsetzung des Dienstes beauftragen, oder auch ein Gefreiter, der vielleicht verwundet und außerstande ist, seine Patrouille weiter zu führen, hat die Befugnis, das Kommando einem seiner Leute zu übergeben.[1] Damit werden die in Frage kommenden Soldaten für die Dauer und den Umfang des betreffenden Dienstes zu Vorgesetzten der ihnen zugeteilten Mannschaften. Ist freilich die Dauer des betreffenden Dienstes unbegrenzt, wie z. B. bei der Ernennung zum Stubenältesten, oder bringt gar die fragliche Stellung es mit sich, daß der mit ihr Betraute zum Vorgesetzten anderer in und außer Dienst wird, wie z. B. bei der Ernennung zum Korporalschaftsführer, so bleibt die diesbezügliche Anordnung den Befehlshabern vom Kompagnieführer an aufwärts vorbehalten,[2] obgleich auch hier Fälle eintreten können, wo niedrigere Chargen wenigstens vorläufige Entscheidung zu treffen haben.[3]

Das Sanitätsoffizierkorps ist dem Offizierkorps entsprechend gegliedert, so daß die Sanitätsoffiziere einer höheren Hauptklasse Vorgesetzte sämtlicher Militärärzte der niederen Hauptklassen sind. Ein Vorgesetztenverhältnis zwischen Offizieren einerseits und Sanitätsoffizieren andererseits besteht nur insoweit, als letztere den ersteren unmittelbar unterstellt sind. Offizieren gegenüber sind Sanitätsoffiziere niemals Vorgesetzte, wohl aber sind sie es gegenüber allen Unteroffizieren und Mannschaften, sowie in den Lazaretten gegenüber den Militärapothekern und unteren Beamten. Die Unterärzte und einjährig freiwilligen Ärzte sind Unteroffiziere und somit stets Vorgesetzte der Gemeinen. Zu anderen Unteroffizieren treten sie in das Verhältnis eines Vorgesetzten, sobald sie in unmittelbare dienstliche Beziehungen zu ihnen gesetzt werden.[4]

Daß ein zum aktiven Soldatenstande gehörender Vorgesetzter äußerlich als solcher kenntlich sein müsse, um einen Gehorsam

---

[1] Mannschaften, welche sich in der zweiten Klasse des Soldatenstandes befinden, dürfen, abgesehen von etwaiger Verwendung als Posten oder Patrouille, nicht in ein Vorgesetztenverhältnis gebracht werden (vergl. Organisatorische Bestimmungen für das Personal des Soldatenstandes der Kaiserlichen Marine § 15; Dienstvorschriften für die Königliche Sächsische Armee Nr. 18; Garnisondienstvorschrift Nr. 108).

[2] Vergl. AKO. vom 11. Juni 1874 (AVBl. S. 120).

[3] Vergl. RMGE. Bd. 1 S. 76 u. flg.

[4] Vergl. Verordnung über die Organisation des Sanitätskorps §§ 1, 15, 17, 18.

heischenden Befehl geben zu können, ist nicht erforderlich. Er kann in Zivilkleidung, er kann in Badekostüm sein, Bedingung ist nur, daß der Untergebene, der gehorchen soll, ihn kennt, ihn als Vorgesetzten erkennt.[1] Die bloße Erklärung einer in Zivilkleidung befindlichen Person, daß sie eine militärische Charge bekleide, ist kein genügender Grund zur Anerkennung eines Vorgesetztenverhältnisses.[2] Andererseits macht auch die Uniform allein nicht zum Vorgesetzten, obgleich die Vermutung zunächst dafür spricht, daß der Betreffende die Uniform berechtigtermaßen trägt.

Die zum Soldatenstande gehörenden Militärpersonen des Beurlaubtenstandes sind nach Maßgabe ihres Dienstgrades Vorgesetzte, sobald sie in dienstlichem Verkehre mit Untergebenen (z. B. im Verkehre mit einer zu ihnen in ihrer Eigenschaft als Reserveoffizier usw. geschickten Ordonnanz) oder in Militäruniform sich befinden. Dies ergibt sich mit Notwendigkeit aus MStGB. § 126 und aus DStO. f. d. H. § 23, DStO. f. d. M. § 27, wo ein unter diesen Umständen von ihnen geübter Mißbrauch der Dienstgewalt unter Strafe gestellt wird.[3] Sind die Personen des Beurlaubtenstandes aber zum Dienst einberufen,[4] so sind sie in jeder Beziehung den aktiven Soldaten gleichzuachten. Daraus folgt, daß auch zwischen den zur Kontrollversammlung einberufenen Unteroffizieren und Mannschaften das aus dem Dienstgrade sich ergebende Vorgesetztenverhältnis während der ganzen Dauer des betreffenden Tages besteht.[5]

Die Militärbeamten stehen im allgemeinen zu Soldaten in keinem Vorgesetztenverhältnis. Eine Ausnahme findet jedoch statt bezüglich derjenigen Mannschaften, welche ihnen speziell zugewiesen sind. Diesen gegenüber sind sie in den meisten Fällen laut besonderer Dienstordnungen Vorgesetzte.[6]

Bezüglich der Offiziere (Sanitätsoffiziere) à la suite, welche

---

[1] So auch von Koppmann S. 319; Hecker, Lehrbuch S. 187.

[2] So auch RMGE. Bd. 2 S. 211.

[3] Der gleiche militärdienstliche Grundsatz findet auch in den Motiven zu § 6 des Entwurfs zum MStGB. seinen Ausdruck.

[4] Vergl. oben S. 9.

[5] So auch von Koppmann S. 319; RMGE. Bd. 2 S. 59 u. flg., Bd. 3 S. 27 u. flg.

[6] Vergl. z. B. Kassenordnung für die Truppen § 2 Nr. 2, wo das Verhältnis zwischen Zahlmeister und Zahlmeisteraspirant geregelt ist.

nicht zum Soldatenstande gehören, und der Offiziere z. D. ist derselbe militärdienstliche Grundsatz anzuwenden, der für die Personen des Beurlaubtenstandes Geltung hat: gleichwie sie im dienstlichen Verkehr oder in Militäruniform dieselben Pflichten der militärischen Unterordnung wie die Personen des Dienststandes haben,[1] so erhalten sie unter derselben Voraussetzung andererseits auch diejenige Dienstgewalt, welche in gleicher Uniform eine Person des Dienststandes besitzt. Sie sind also Vorgesetzte der Militärpersonen von niedrigerem Range immer, wenn sie zu einer Dienstleistung zugelassen bezw. herangezogen sind oder die Militäruniform tragen.[2]

Derselbe Grundsatz auf die mit der Berechtigung, Militäruniform zu tragen, verabschiedeten Offiziere usw. angewendet, führt zu dem entgegengesetzten Ergebnis. Die Offiziere usw. a. D. sind keine Militärpersonen mehr im Sinne der Reichsgesetzgebung, sie sind selbst in Militäruniform nicht mehr fähig, Untergebene zu sein.[3] Folglich kann ihnen trotz ihrer Uniform die Fähigkeit, als Vorgesetzter aufzutreten, auch nicht mehr zugesprochen werden.

Die Landgendarmen im früheren Geltungsbereiche des alten Preußischen Militärstrafgesetzbuchs werden den Personen des Soldatenstandes gleichgeachtet.[4] Da sie alle den Rang von Unteroffizieren haben, sind sie militärische Vorgesetzte sämtlicher Gefreiten und Gemeinen.[5] Sie müßten dies sein im ganzen Deutschen Reich, es ist das aber auffallenderweise nicht der Fall. Denn Bayern hat ihre Vorgesetzteneigenschaft nur für das preußische Gebiet anerkannt.[6] Auch Sachsen nahm ursprünglich denselben Standpunkt ein,[7] hat aber seit dem 1. Januar 1883 die räumliche Beschränkung ihrer Befugnisse fallen lassen.[8] — Eine größere Machtvollkommenheit noch haben infolge

---

[1] Vergl. oben S. 14 u. flg.

[2] Ein Beweis für die Richtigkeit dieser Anschauung ist auch DStO. f. d. H. § 30 in Verbindung mit § 23; DStO. f. d. M. § 33 in Verbindung mit § 27.

[3] Vergl. oben S. 26 u. flg.

[4] Vergl. oben S. 17.

[5] Vergl. Preußische AKO. vom 19. Juli 1873 (AVBl. S. 219).

[6] Vergl. Bayrische KMV. vom 24. Januar 1876.

[7] Vergl. Sächsische KMV. vom 10. Juni 1881.

[8] Vergl. die Verzeichnisse der Unteroffiziere (Portepeeunteroffiziere) in den Dienstvorschriften für das XII. (Königlich Sächsische) Armeekorps bezw. die Königlich Sächsische Armee.

besonderen Gesetzes[1] die Landgendarmen in Elsaß-Lothringen, soweit sie sich im Dienst befinden. Sie sind nicht bloß Vorgesetzte der Gefreiten und Gemeinen, sondern stehen bei Ausübung ihres Dienstes Militärpersonen jeden Grades gegenüber in dem Verhältnis einer militärischen Wache.[2]

Die Landgendarmen derjenigen deutschen Bundesstaaten, in denen sie nicht zu den Personen des Soldatenstandes gerechnet werden,[3] sowie sämtliche Stadtgendarmen sind nicht militärische Vorgesetzte. Sie sind aber Beamte, Träger staatlicher Autorität, Inhaber einer vom Staate delegierten Machtbefugnis, und aus diesem Grunde haben alle Volksgenossen, also auch die Militärpersonen ihren dienstlichen Anordnungen Folge zu leisten.[4] Eine etwaige Zuwiderhandlung gegen diese Norm stellt sich aber für die Militärpersonen nicht als ein militärisches

---

[1] Gesetz vom 20. Juni 1872 § 2 (Gesetzblatt für Elsaß-Lothringen S. 442).

[2] Zu Unrecht nehmen von Koppmann (S. 413 u. flg.) und Hecker (Lehrbuch S. 32) an, daß dieses Gesetz durch die später erfolgte Einführung des MStGB.s in Elsaß-Lothringen außer Kraft gesetzt sei. EG. z. MStGB. § 2 sagt ausdrücklich: „In Kraft bleiben die Vorschriften über die Bestrafung der von Landgendarmen begangenen strafbaren Handlungen." In Kraft bleibt also die Bestimmung, daß von elsaß-lothringischen Landgendarmen bei Ausübung ihres Dienstes und Militärpersonen gegenüber begangene strafbare Handlungen so zu ahnden sind, als ob sie von Wachtmannschaften begangen worden wären. Da überdies Wachtmannschaften strafrechtlich genau so behandelt werden, wie Vorgesetzte, läuft diese Bestimmung auf dasselbe hinaus, was der § 188 des alten Preußischen Militärstrafgesetzbuchs vorschreibt, der auf die preußischen Landgendarmen Anwendung findet und auch für die elsaß-lothringischen noch subsidiäre Geltung hat, nämlich betreffs eines etwaigen Mißbrauchs der Dienstgewalt gegen Zivilpersonen. Über die Rechte der Landgendarmen schweigt das MStGB. naturgemäß. Es schweigt auch darüber, wer im einzelnen Falle Vorgesetzter des anderen ist, und überläßt diese Feststellung den diesbezüglichen besonderen Vorschriften (vergl. Motive zu § 105 des Entwurfs zum MStGB.). Wie kann man da annehmen, daß das MStGB. eine solche besondere Vorschrift, welche festsetzt, wann bestimmte Militärpersonen Vorgesetzte von anderen sind, außer Kraft setzt?

[3] Vergl. oben S. 17.

[4] Militärpersonen, welche sich in Ausübung des Dienstes befinden, oder geschlossenen Truppenabteilungen dürfen Polizeibeamte Anweisungen nicht erteilen. Gegebenenfalls haben sie der betreffenden Militärperson oder dem Führer der geschlossenen Truppenabteilung von der Polizeiverordnung, gegen welche gefehlt wird, Kenntnis zu geben. Dieser ist Folge zu leisten, jedoch nur, soweit der dienstliche Auftrag es zuläßt. (Vergl. Preußische Allerhöchste Verordnung vom 6. Dezember 1855.)

Verbrechen oder Vergehen dar, sondern als ein gemeinstrafrechtliches Delikt nach Maßgabe des RStGB.s.

Außerdeutsche Militärpersonen können ebenfalls Vorgesetzte und damit Befehlsberechtigte sein. Voraussetzung dazu ist, daß sie einem verbündeten Staate, der Gegenseitigkeit verbürgt hat, angehören und daselbst eine Stellung einnehmen, welche der eines Vorgesetzten in dem deutschen Heere oder in der kaiserlichen Marine entspricht. Eine weitere Voraussetzung ist die, daß gemeinschaftliche Dienstverhältnisse bestehen.[1] Da diese sich aber nicht stillschweigend von selbst ergeben, so werden immer nur diejenigen außerdeutschen Militärpersonen Vorgesetzte deutscher Soldaten sein, deren Vorgesetzteneigenschaft den davon Betroffenen ausdrücklich bekannt gegeben worden ist.

Kriegsgefangene können Vorgesetzte nur von anderen Kriegsgefangenen sein, und dies auch bloß dann, wenn sie von der zuständigen Kommandobehörde ausdrücklich als solche bestellt sind. Ohne diese ausdrückliche Ernennung sind alle Kriegsgefangenen gleichberechtigt, mag auch der Militärrang des einen um vieles höher sein als der des anderen.[2] Abgesehen von der Bildung eines Kriegsgerichts[3] oder von einer Strafzumessung[4] ist der frühere Militärrang der Kriegsgefangenen überhaupt ohne jede Bedeutung. Namentlich gilt dies von den strafbaren Handlungen gegen die Pflichten der militärischen Unterordnung,[5] so daß sämtliche deutschen Offiziere und Unteroffiziere Vorgesetzte aller Kriegsgefangenen sind. Von den Gemeinen sind nur diejenigen Vorgesetzte der Kriegsgefangenen, welche den Auftrag haben, sie zu bewachen.[6]

Zivilpersonen können im allgemeinen nicht militärische Vorgesetzte sein. Nur eine Ausnahme von diesem Grundsatz gibt es in Deutschland. Sie betrifft die Schutztruppen, deren höchste Disziplinarvorgesetzte der Reichskanzler und der betreffende Gouverneur sind.[7]

---

[1] Vergl. MStGB. § 8.

[2] Vergl. Motive zu § 167 des Entwurfs zum MStGB.

[3] Vergl. MStGO. § 57.

[4] Vergl. MStGB. § 158.

[5] Vergl. Motive zu § 167 des Entwurfs zum MStGB.

[6] So auch von Koppmann S. 588.

[7] Vergl. Organisatorische Bestimmungen für die Kaiserlichen Schutztruppen in Afrika § 14.

Befehlsberechtigt sind auch die militärischen Wachen, das sind die zum Wacht- oder militärischen Sicherheitsdienste befehligten Personen des Soldatenstandes, die in Ausübung dieses Dienstes begriffen und als solche äußerlich erkennbar sind. Sie sind zwar nicht Vorgesetzte, genießen aber dasselbe dienstliche Ansehen und denselben Rechtsschutz.[1]

Wer als militärische Wache im Sinne dieser Bestimmung anzusehen ist, ergibt sich aus den einzelnen Dienstvorschriften.[2] Auffallend ist, daß den im Dienst befindlichen preußischen Landgendarmen die Stellung einer militärischen Wache nicht eingeräumt worden ist. Es ist dies jedenfalls deshalb geschehen, weil ihre Eigenschaft als Person des Soldatenstandes nicht ganz zweifelsfrei ist und auch nicht im ganzen Reiche anerkannt. Die Folge davon ist aber, daß sie Offizieren und Unteroffizieren gegenüber niemals als militärisch befehlsberechtigt auftreten können, sondern nur in ihrer Eigenschaft als Beamte.[3]

Die militärischen Wachen sind befehlsberechtigt gegenüber allen Personen des Soldatenstandes und zwar ohne Unterschied des Dienstgrades, so daß auch Offiziere den Weisungen der Wachtmannschaften Folge zu leisten gehalten sind. Ausgenommen sind nur gleichfalls im Wachtdienst befindliche Mannschaften, sowie diejenigen Offiziere und Unteroffiziere, welche auf Grund der Dienstvorschriften Vorgesetzte der Wache sind. Auch die mit Disziplinarstrafgewalt beliehenen Offiziere des wachthabenden Truppenteils können sich gegenüber zu ihrem Truppenteil gehörigen, in Ausübung des Wachtdienstes befindlichen Mannschaften des Ungehorsams nicht schuldig machen, da sie ihrerseits berechtigt sind, den genannten Leuten Belehrungen und Rügen zu erteilen.[4]

§ 21.

4. Die Handlung.

Jede Handlung im Rechtssinne ist Willensbetätigung, ist ein äußeres menschliches Verhalten, das auf den Willen zurückführbar ist.

[1] Vergl. MStGB. § 111.

[2] Eine ziemlich erschöpfende Aufzählung siehe bei von Koppmann S. 410 u. flg.

[3] Die Beamteneigenschaft der preußischen Landgendarmen wird anerkannt von Olshausen, Kommentar zum RStGB. S. 433 und 1300; von Koppmann S. 17; Oppenhoff S. 913; RGE. Bd. 33 S. 385. A. M. Hecker, Lehrbuch S. 33 u. flg.; Hecker, Abhandlungen S. 94.

[4] Vergl. Garnisondienstvorschrift Nr. 41.

Die den militärischen Ungehorsam verkörpernde Handlung ist ein solches auf den Willen zurückführbares Verhalten, das die Wirkung hat der Nichtbefolgung oder eigenmächtigen Abänderung oder Überschreitung eines von einem Befehlsberechtigten erteilten Befehls. Tritt die genannte Wirkung ein infolge des von seinem Willen unabhängigen Verhaltens des Untergebenen, so liegt eine Handlung desselben in juristischem Sinne nicht vor, fehlt es an einer der Voraussetzungen, welche zu dem Tatbestande des militärischen Ungehorsams gehören.[1]

Wie jede Handlung im Rechtssinne, weil nichts anderes als eine Verwirklichung des Willens, in einem Tun oder Lassen bestehen kann,[2] so kann auch der Ungehorsam positiver oder negativer Art sein, kann die Nichtbefolgung eines Befehls in einem Tun des Verbotenen oder in einem Unterlassen des Gebotenen zum Ausdruck kommen. Die Nichtbefolgung eines Befehls ist ein der Willensäußerung des Befehlsgebers entgegengesetztes Verhalten, die bloß verzögerte Ausführung gibt den Tatbestand der Nichtbefolgung des Befehls nicht, es sei denn, daß dieser ausdrücklich eine schnelle Ausführung vorschrieb.[3]

Der Nichtbefolgung eines Befehls ist die eigenmächtige Abänderung oder Überschreitung desselben gleichgestellt. Bei Anwendung dieser Bestimmung ist jedoch Vorsicht geboten. In unserem ganzen Rechtsleben herrscht der Grundsatz, daß der Sinn einer Erklärung maßgebend ist und nicht der Buchstabe, daß der Wortlaut nur das Mittel bietet, um den Inhalt des in der Erklärung zum Ausdruck gekommenen Willens zu erkennen. So ist es auch mit dem Wortlaut des militärischen Befehls. Nehmen wir an, der Kommandeur eines Kavallerieregiments befähle seinen Eskadronchefs, dafür zu sorgen, daß alle zur Eskadron gehörenden Leute täglich auf ein Pferd kommen: wörtlich genommen müßten alle Mannschaften, auch die abkommandierten, ja sogar die kranken, jeden Tag, also auch Sonntags, zum Reiten herangezogen werden. Und doch kann kein Zweifel sein, daß der Regimentskommandeur nur hat befehlen wollen, daß alle diejenigen Leute reiten, welche nicht infolge eines triftigen Grundes daran verhindert sind, und auch diese nur an den Tagen, an denen regelmäßiger Dienst abgehalten wird. Der Eskadronchef, der den Befehl so auffaßt

[1] Vergl. unten S. 77 u. flg.

[2] Vergl. Binding, Normen Bd. 2 S. 103.

[3] So auch RMGE. Bd. 3 S. 239.

und demgemäß handelt, nimmt gewiß keine Abänderung des Befehls vor, macht sich also nicht des Ungehorsams schuldig. Eher würde, weil zu schwer von Begriffen, der den Befehl dem Wortlaute nach Befolgende Tadel verdienen.

Übrigens gilt nur die eigenmächtige Abänderung oder Überschreitung des Befehls als Ungehorsam. Nicht in Widerspruch mit den Pflichten der militärischen Unterordnung sind Abänderung und Überschreitung des Befehls, wenn sie auf Grund der Anordnung eines anderen Vorgesetzten erfolgen.[1]

§ 22.

5. Der Versuch.

Der Ungehorsam setzt voraus, daß die Handlung des Täters die Wirkung der Nichtbefolgung usw. eines Befehls habe, daß sie von Erfolg begleitet sei. Fehlt der Handlung der Erfolg, so liegt nicht Ungehorsam, sondern nur der Versuch eines Ungehorsams vor.

Für den Begriff und die strafrechtliche Behandlung des versuchten Ungehorsams sind nach MStGB. § 2 die für den Versuch im allgemeinen geltenden Bestimmungen des RStGB.s[2] mit den in den §§ 17 und 46 des MStGB.s gegebenen Abweichungen maßgebend.

Danach gehört zum Begriffe des Versuchs eine Willensbetätigung, welche einen „Anfang der Ausführung" der strafbaren Handlung enthält. Eine ausschließlich vorbereitende Tätigkeit ist noch nicht als Versuch anzusehen. Wo freilich die Grenze zu ziehen ist zwischen Vorbereitung und Anfang der Ausführung, dies zu entscheiden, kann im einzelnen Falle schwierig sein. Im allgemeinen wird man zutreffend sagen können, daß die Ausführung begonnen hat, wenn die zur Verwirklichung der strafbaren Handlung erforderlichen Mittel und Kräfte zum Zwecke dieser Verwirklichung in Tätigkeit gesetzt sind.[3] Der

---

[1] Vergl. oben S. 35 u. flg.

[2] RStGB. §§ 43 bis 46.

[3] Über die Abgrenzung des Gebiets der Versuchs- und der Vorbereitungshandlungen herrscht weder in der Theorie noch in der Praxis Übereinstimmung (vergl. Olshausen, Kommentar zum RStGB. Bd. 1 S. 144). RGE. Bd. 13 S. 212 sagt, unbestritten sei wenigstens, daß von einem Anfang der Ausführung nicht gesprochen werden könne, wenn durch die Handlung lediglich die Herbeischaffung der Mittel oder Werkzeuge zur Begehung der Straftat selbst oder zur Realisierung eines einzelnen Tatbestandsmerkmals bezielt oder erreicht sei.

Soldat, dem ausdrücklich verboten worden, auf Märschen Schnaps zu trinken, bereitet den Ungehorsam nur vor, wenn er vor dem Abmarsch eine gefüllte Schnapsflasche einsteckt. Wird er aber dabei überrascht, wie er auf dem Marsche selbst die Flasche an den Mund setzt, so hat er sich des versuchten Ungehorsams schuldig gemacht, vorausgesetzt, daß er zur Vollendung des Vergehens, zum Trinken, infolge des Eingreifens eines Vorgesetzten oder sonst aus irgendwelchem Grunde nicht mehr gelangt ist.

Der Ungehorsam setzt den Befehl eines Befehlsberechtigten voraus, das gleiche ist bei dem Versuch zum Ungehorsam der Fall. Fehlt es am Befehl oder an der Zuständigkeit des Befehlsgebers, dem Täter einen Befehl zu geben, so ist der Versuch zum Ungehorsam undenkbar. Der Täter mag zwar der Ansicht sein, einen rechtsgültigen Befehl erhalten zu haben und diesem vorsätzlich entgegenzuhandeln, was er aber tut, das ist weder vollendeter noch versuchter Ungehorsam, das ist etwas rechtlich völlig Bedeutungsloses. Die Nichtbefolgung eines von einem, wenn auch in Uniform befindlichen, verabschiedeten Offizier erteilten Befehls hat z. B. keine Rechtsfolgen, auch dann nicht, wenn derjenige, dem der Befehl gegeben worden, der Meinung war, daß er verpflichtet sei, ihm Folge zu leisten.[1] Ebensowenig rechtliche Bedeutung hat es, wenn ein Soldat, dem die Teilnahme an politischen Versammlungen verboten worden, mit der Absicht einer solchen beizuwohnen, in ein Lokal geht, aus Versehen aber in ein falsches, in ein Lokal, in dem keine politische Versammlung abgehalten wird. Auch hier liegt weder vollendeter noch versuchter Ungehorsam vor. Im ersteren Falle fehlt es an der Tauglichkeit des Angriffsobjekts, an dem erklärten Willen eines Vorgesetzten, im letzteren an der Tauglichkeit des Angriffsmittels, an einer Handlung, welche eine Auflehnung gegen jenen Willen in sich begreift.

Strafbar ist der Versuch zum Ungehorsam nur dann, wenn er sich als Versuch eines Verbrechens darstellt,[2] wenn der ihm entsprechende vollendete Ungehorsam mit dem Tode, mit Zuchthaus oder mit Gefängnis oder Festungshaft von mehr als fünf Jahren bedroht sein würde.[3] Die Fälle von so schwer bedrohtem Ungehorsam sind,

---

[1] Vergl. oben S. 40.

[2] Vergl. RStGB. § 43 in Verbindung mit MStGB. § 2.

[3] Vergl. MStGB. § 1.

wenn man von den zu selbständigen Verbrechen erhobenen Unterarten: Aufwiegelung, Meuterei, militärischer Aufruhr, absieht, nicht gerade häufig. In Betracht kommen nur der Versuch, im Ungehorsam zu beharren,[1] sowie der Versuch, im Felde einen Ungehorsam zu begehen, durch dessen Vollendung die Gefahr eines erheblichen Nachteils herbeigeführt werden würde,[2] und dies auch nur dann, wenn einer der in MStGB. § 55 oder § 95 aufgeführten erschwerenden Umstände vorliegt.

Die Strafe für den versuchten Ungehorsam ist milder zu bemessen als die für den vollendeten. Es kann bis zu einem Viertel des Mindestbetrages der für den vollendeten Ungehorsam angedrohten Strafe herabgegangen werden.[3]

Der rechtzeitige sogenannte freiwillige Rücktritt vom Versuch schließt die Bestrafung aus.[4] Die nachträgliche, nach der Entdeckung des vollendeten Ungehorsams vorgenommene, freiwillige Erfüllung des Befehls (sogenannte tätige Reue) kann die Handlung nicht straflos machen.

---

[1] Vergl. MStGB. § 95.

[2] Vergl. MStGB. § 93. — Der Versuch zu einem erheblichen Nachteil verursachenden Ungehorsam ist undenkbar. Denn das charakteristische Moment dieser Art des Ungehorsams ist der Erfolg, ohne ihn existiert sie gar nicht (vergl. Binding, Lehrbuch Bd. 1 S. 52 über den analogen Fall des Versuchs zu schwerer Körperverletzung). Dagegen ist der Versuch zu einem Ungehorsam, durch dessen Vollendung die Gefahr eines erheblichen Nachteils herbeigeführt werden würde, wohl möglich. Das charakteristische Moment dieser Art des Ungehorsams ist gerade nicht der eingetretene Erfolg, sondern der Erfolg, der hätte eintreten können. Und dieser möglich gewesene Erfolg läßt sich auf Grund der Versuchshandlung ebensogut abschätzen wie auf Grund des vollendeten Ungehorsams selbst. Hat z. B. ein zur Begleitung eines Pulvertransports befehligter Mann entgegen einem ausdrücklichen Verbot es versucht, eine Zigarre in Brand zu stecken, so kann kein Zweifel sein, daß er sich eines versuchten Ungehorsams schuldig gemacht hat, durch dessen Vollendung die Gefahr eines erheblichen Nachteils herbeigeführt worden wäre.

[3] Vergl. RStGB. § 44, wo auch noch Sonderbestimmungen für die schwersten Fälle. Vergl. auch die Sonderbestimmungen in RStGB. § 45, MStGB. §§ 17 u. 46.

[4] Vergl. RStGB. § 46.

IV. Die Teilnahme.

§ 23.

1. Übersicht.

Wie für den Versuch des militärischen Ungehorsams, so sind auch für die Teilnahme an ihm entsprechend MStGB. § 2 die diesbezüglichen allgemein geltenden Bestimmungen des RStGB.s[1] maßgebend, dies allerdings nur so weit, als nicht für einzelne Fälle im MStGB. selbst[2] abweichende Sondervorschriften erlassen sind.

Die Teilnahme im Sinne des RStGB.s ist Beteiligung an der Straftat eines anderen. Sie hat die Täterschaft, d. h. die Begehung einer strafbaren Handlung, zur Voraussetzung und charakterisiert sich durch ein auf Gemeinsamkeit der Absicht beruhendes äußeres Zusammenwirken mit dem Täter zur Herbeiführung des Erfolges.

Die Teilnahme kann sein Mittäterschaft, Beihilfe oder Anstiftung.

§ 24.

2. Die Mittäterschaft.

Mittäterschaft im Sinne des RStGB.s liegt vor, „wenn mehrere eine strafbare Handlung gemeinschaftlich ausführen",[3] Mittäterschaft des Ungehorsams also dann, wenn mehrere, das sind mindestens zwei,[4] gemeinschaftlich einen Ungehorsam begehen. „Gemeinschaftlich", das ist nicht „gleichzeitig und an demselben Orte" (in welchem Falle es sich um mehrere Alleintäter handeln würde), sondern in der Weise, daß die Tätigkeit des einen die des anderen voraussetzt oder ergänzt. Ist z. B. der Befehl ausgegeben, daß die Stalltür des Nachts offen bleiben soll, und tun sich zwei auf Stallwache befehligte Leute, welche frieren, zusammen, um mit vereinten Kräften die für einen Mann zu schwere Tür einzuhängen und zu schließen, so sind beide Mittäter des Ungehorsams. Es sind aber Mittäter nach RStGB. § 47 stets als

---

[1] RStGB. §§ 47 bis 49 und § 50.

[2] MStGB. §§ 17, 47, 55, 99, 100, 103, 106, 115, 116.

[3] RStGB. § 47.

[4] Vergl. RGE. Bd. 16 S. 173; RMGE. Bd. 2 S. 162.

Täter zu bestrafen. Es muß also jeder von den beiden Leuten, obgleich der äußere Erfolg nur einmal eingetreten, und obgleich die von dem einzelnen Mann geleistete Tätigkeit für sich allein keinesfalls zur Übertretung des Gebotes genügte, so bestraft werden, als wäre er der alleinige Täter gewesen. Beide sind des vollendeten Ungehorsams schuldig. Beide haben genau dasselbe getan, aber doch müssen sie nicht notwendigerweise mit gleichhoher Strafe belegt werden. Denn die persönlichen Eigenschaften oder Verhältnisse, welche die Strafbarkeit einer Handlung erhöhen oder vermindern, sind stets demjenigen Mittäter zuzurechnen, bei welchem sie vorliegen,[1] aber auch nur ihm. Es könnte also im angenommenen Falle nur der eine Mann zur Stallwache gehört, der andere aber sich freiwillig, etwa zur Pflege seines erkrankten Pferdes, im Stalle befunden haben. Dann würde dies dazu zwingen, gegen den ersteren, weil er die strafbare Handlung während der Ausübung des Dienstes ausgeführt,[2] auf erhöhte Strafe zu erkennen, während der andere mit der einfachen Strafe davonkäme. — Ob die Mittäterschaft auf Verabredung beruht, oder ob sich die Mittäter erst während der Ausführung zusammenfanden, ist ganz gleichgültig, solange es sich um einfachen Ungehorsam handelt. War dagegen eine gemeinschaftliche Verweigerung des Gehorsams verabredet oder ausgeführt, so ist von Teilnahme am Ungehorsam überhaupt nicht mehr die Rede. Es liegen dann Handlungen vor, denen das MStGB. in seinen Bestimmungen über Meuterei und militärischen Aufruhr[3] die Bedeutung selbständiger Verbrechen beigelegt hat.[4]

---

[1] Vergl. RStGB. § 50.

[2] Vergl. MStGB. § 55.

[3] MStGB. §§ 103 bis 110.

[4] Nach von Koppmann S. 377 u. flg., 391, 401; Hecker S. 166 u. flg., 171, 174; Hecker, Lehrbuch S. 217; Brauer S. 135 u. flg.; Endres S. 90 soll auch der einfache Ungehorsam von MStGB. § 92 unter den in MStGB. §§ 90, 100, 103, 106 gebrauchten Ausdrücken „Verweigerung des Gehorsams" und „den Gehorsam zu verweigern" mitverstanden sein. Sie stützen sich, soweit sie Gründe anführen, auf die Motive zum Entwurf des MStGB.s, obgleich sich aus der Entstehungsgeschichte der betreffenden Paragraphen auch das Gegenteil folgern läßt (diese Folgerung zieht Solms S. 117).

Das Gesetz unterscheidet zwischen „Ungehorsam" (§ 92) und „ausdrücklicher Gehorsamsverweigerung" (§ 94), indem es beide Arten des Ungehorsams mit verschiedenen Strafen bedroht. Die Frage ist nun, ob der Ausdruck „Gehorsamsver-

§ 25.

3. Die Beihilfe.

Beihilfe im Sinne des RStGB.s ist wissentliche Unterstützung eines fremden Verbrechens oder Vergehens durch Rat oder Tat,[1] Beihilfe zum Ungehorsam demnach die wissentliche, intellektuelle oder

weigerung" gleichbedeutend ist mit „Ungehorsam" oder mit „ausdrücklicher Gehorsamsverweigerung". Letztere wird in § 94 definiert als das Zuerkennengeben des Ungehorsams durch Worte, Geberden oder andere Handlungen. Das ist eine unbrauchbare Definition, denn auch der Ungehorsam muß, wenn er bestraft werden soll, durch Handlungen zu erkennen gegeben sein. Zur „ausdrücklichen Gehorsamsverweigerung" gehört unbedingt, daß der Ungehorsam absichtlich zu erkennen gegeben wird (vergl. RMGE. Bd. 1 S. 105; Bd. 3 S. 50; Bd. 6 S. 18 und 90). Dasselbe ist aber auch bei der einfachen „Gehorsamsverweigerung" der Fall. Auch diese entspringt dem Motiv des Trotzes (so auch Herbst S. 11 u. flg.; Huberti S. 433 u. flg.) und hat einen demonstrativen Charakter. Den letzteren bringt ja das Wort „ausdrücklich" besonders scharf zum Ausdruck, aber auch ohne diesen Zusatz liegt schon in dem Worte „verweigern" das absichtliche Zuerkennengeben des Ungehorsams. Es ist demnach kein Unterschied zwischen der „Gehorsamsverweigerung" der §§ 99, 100, 103, 106 und der „ausdrücklichen Gehorsamsverweigerung" des § 94. Die genannten Paragraphen können also keine Anwendung finden, wenn nur einfacher Ungehorsam des § 92 vorliegt.

Und dies ist um so mehr anzunehmen, als im gegenteiligen Falle Resultate gezeitigt würden, die unannehmbar sind und vom Gesetzgeber unmöglich gewollt sein können. Es würde dann in dem oben angeführten Beispiel die Minimalstrafe für die beiden Leute in dem sehr unwahrscheinlichen Falle, daß sie bei den Bemühungen, die Tür einzuhängen, sich zufällig zusammenfanden, 2 Tage gelinden Arrest, in dem Falle aber, daß Verabredung vorlag, 3 Monate und 1 Tag Gefängnis oder Festungshaft betragen, während wohl jeder billig denkende Vorgesetzte auch hier 2 bis 3 Tage mittleren Arrest für genügende Ahndung erachtet haben würde. Hätte aber gar ein dritter frierender Soldat die beiden anderen aufgefordert, die Tür einzuhängen, so hätte er nach MStGB. § 100, ohne Rücksicht darauf, ob seine Aufforderung Erfolg gehabt oder nicht, wegen Aufwiegelung mit Gefängnis nicht unter 5 Jahren bestraft werden müssen. — Das kann doch die Meinung des Gesetzes nicht sein!

Herz-Ernst (S. 139 u. flg., 144) meint denn auch, daß der einfache Ungehorsam, wenn er unter die oben angeführten Paragraphen fallen solle, wenigstens „demonstrativer Natur sein", d. h. also die charakteristischen Momente der ausdrücklichen Gehorsamsverweigerung aufweisen müsse.

Auch Solms S. 117 scheidet entsprechend der im Text vertretenen Ansicht den einfachen Ungehorsam aus den genannten Paragraphen ganz aus.

[1] Vergl. RStGB. § 49.

physische Unterstützung eines gerichtlich strafbaren Ungehorsams. Die Förderung eines nur disziplinarisch zu ahndenden Ungehorsams ist, weil dieser kein Vergehen, keine Beihilfe im Sinne des RStGB.s. Sie kann daher gerichtlich nicht mit Strafe belegt werden. Wohl aber ist es nicht ausgeschlossen, wegen einer solchen gegen die militärische Zucht und Ordnung verstoßenden Handlung eine Disziplinarstrafe zu verhängen.

Die Beihilfe muß eine wissentliche sein, d. h. die Strafbarkeit des Gehilfen geht nur so weit, als er zu dem Ungehorsam wissentlich Unterstützung geleistet hat. Liegen die Wirkungen seiner Tat außerhalb seines Willens, so sind ihm diese nicht zuzurechnen.

Die Beihilfe ist akzessorisch. Deshalb ist sie nur dann strafbar, wenn eine strafbare Täterhandlung vorliegt, ist sie überall da straflos, wo dem Ungehorsam des Täters die Strafrechtswidrigkeit fehlt.[1]

Die Strafe des Gehilfen ist nicht nach dem zu bemessen, was er selbst, sondern nach dem, was der Täter mit seinem Wissen und Willen getan hat. Das Gesetz, welches auf die Handlung des Täters Anwendung findet, ist auch für die Festsetzung der Strafe des Gehilfen bestimmend,[2] mit der Maßgabe jedoch, daß die Strafe des letzteren nach den über die Bestrafung des Versuchs aufgestellten Grundsätzen[3] zu ermäßigen ist. Außerdem finden aber auch hier die Bestimmungen von RStGB. § 50 über die Zurechnung der persönlichen Eigenschaften, welche die Strafbarkeit der Handlung erhöhen oder vermindern (nicht: begründen), Anwendung.

Der Versuch zur Beihilfe ist nicht strafbar, denn die Beihilfe ist kein selbständiges Vergehen. Wohl aber zieht die Beihilfe zu einem strafbaren Versuch Strafe nach sich, eine Strafe, die zweimal gemäß den Bestimmungen von RStGB. § 44 zu reduzieren ist,[4] also bis auf ein Sechzehntel der für den vollendeten Ungehorsam angedrohten Minimalstrafe ermäßigt werden kann.

---

[1] Vergl. unten S. 61 u. flg.

[2] Vergl. RStGB. § 49.

[3] Vergl. oben S. 47.

[4] So auch Binding, Grundriß S. 138; Olshausen, Kommentar z. RStGB. S. 194; RGE. Bd. 2 S. 383.

§ 26.

4. Die Anstiftung.

Anstiftung im Sinne des RStGB.s ist vorsätzliche Bestimmung eines anderen zu der von demselben begangenen strafbaren Handlung.[1] Anstiftung zum Ungehorsam ist also eine vorsätzliche und erfolgreiche Bestimmung eines anderen, einen Ungehorsam zu begehen. Es kommt auch hier nur der gerichtlich strafbare Ungehorsam in Betracht. Denn wenn auch Anstiftung zu jeder strafbaren Handlung möglich ist, so sind doch die militärischen Disziplinarvergehen dabei nicht inbegriffen, denn sie sind nicht strafbare Handlungen im Sinne des RStGB.s.[2]

Der Tatbestand der Anstiftung setzt voraus, daß die Bemühungen, den anderen zu bestimmen, daß also das Auffordern oder Anreizen desselben, von Erfolg begleitet waren. Es wäre daher das erfolglose Auffordern oder Anreizen zum militärischen Ungehorsam nur ein Versuch zur Anstiftung und aus denselben Gründen straffrei, wie der Versuch zur Beihilfe,[3] wenn es nicht, wenigstens soweit es sich an Personen des Soldatenstandes richtet, durch eine besondere Bestimmung, durch RStGB. § 112, unter Strafe gestellt wäre.

„Die Strafe des Anstifters ist nach demjenigen Gesetze festzusetzen, welches auf die Handlung Anwendung findet, zu welcher er wissentlich angestiftet hat",[4] das ist bei dem militärischen Ungehorsam: MStGB. §§ 92 und 93. Die Strafe desjenigen, der eine Person des Soldatenstandes erfolglos zum militärischen Ungehorsam auffordert oder anreizt, bestimmt sich dagegen nach RStGB. § 112,[5] während die erfolglose Aufforderung oder Anreizung einer anderen zu militärischem Gehorsam verpflichteten Person, dieser Pflicht entgegenzuhandeln, vollkommen straflos bleiben muß.[5] Und hierbei macht es

[1] Vergl. RStGB. § 48.

[2] Auch MStGB. §§ 115 und 116, welche von Anstiftung zu „mit Strafe bedrohten Handlungen" sprechen, lassen sich auf Disziplinarvergehen nicht anwenden. Die Disziplinarstrafe ist nicht Strafe im Sinne des Strafrechts. — Selbstverständlich ist aber auch wegen Anstiftung zu Disziplinarvergehen, geradeso wie wegen Beihilfe dazu, Disziplinarbestrafung möglich.

[3] Vergl oben S. 51.

[4] Vergl. RStGB. § 48, außerdem, in bezug auf Vorgesetzte, MStGB. § 115.

[5] Auf Vorgesetzte, welche dieses Delikt unter Mißbrauch ihrer Dienstgewalt oder ihrer dienstlichen Stellung begehen, findet MStGB. § 116 Anwendung.

keinen Unterschied, wer sich jener Anstiftung oder Aufforderung schuldig macht. Diese Bestimmungen finden Anwendung auf jedermann, auf Zivilpersonen [1] sowohl, wie auf die dem Militärstrafrecht Unterworfenen. [2]

Andere Vorschriften als für die Anstiftung zum Ungehorsam gelten für die Anstiftung zur Gehorsamsverweigerung und für den Versuch dazu. In dieser Beziehung sind für die dem Militärstrafrecht unterliegenden Personen MStGB. § 99, 100, 115 und 116, für die anderen, betreffs der Anstiftung RStGB. § 48 in Verbindung mit MStGB. §§ 94 und 95, betreffs der versuchten Anstiftung wiederum RStGB. § 112, der die Aufforderung zu den schwereren Arten des Ungehorsams mit umfaßt, maßgebend. Das gilt aber nur, sofern es sich um Gehorsamsverweigerung von Personen des Soldatenstandes handelt. Wegen Anstiftung anderer zur Verweigerung des ihnen obliegenden militärischen Gehorsams ist jedermann in Gemäßheit von RStGB. § 48 in Verbindung mit MStGB. §§ 94 und 95 zu strafen, [3] während der entsprechende Versuch straflos zu lassen ist. [4]

Bezüglich der Bestrafung des Anstifters ist noch zu beachten, daß auch hier die persönlichen Straferhöhungs- oder -minderungsgründe entsprechend RStGB. § 50 zu berücksichtigen sind, und daß selbstverständlich nur die Anstiftung oder Aufforderung zu rechtswidrigem Ungehorsam unter Strafe gestellt werden kann.

§ 27.

Anhang: Beteiligung von Untergebenen an Straftaten von Vorgesetzten und von Vorgesetzten an Straftaten von Untergebenen.

Die Mittel, deren sich der Anstifter zur Erreichung seines Zweckes bedienen kann, sind zahlreich. In RStGB. § 48 werden einige als Beispiele angeführt: Geschenke, Versprechen, Drohung, Irrtumserregung, Mißbrauch des Ansehens oder der Gewalt. Es darf jedoch die

[1] Vergl. oben S. 23 u. flg.

[2] A. M. Binding, Lehrbuch Bd. 2 S. 859; Oppenhoff S. 285, und die meisten anderen. Sie halten auch den einfachen Ungehorsam für unter MStGB. §§ 99 und 100 fallend. Darüber vergl. oben Anm. 4 auf S. 49.

[3] Vorgesetzte unter Berücksichtigung von MStGB. § 115.

[4] Auf Vorgesetzte, welche diesen Versuch unter Mißbrauch ihrer Dienstgewalt oder ihrer dienstlichen Stellung unternehmen, findet MStGB. § 116 Anwendung.

Drohung nicht zur Nötigung werden, der erregte Irrtum nicht so groß sein, daß er das Rechtspflichtbewußtsein oder das Wahlfähigkeitsbewußtsein ausschließt. Denn dann hört die Verantwortlichkeit des Angestifteten auf. Er ist nicht mehr Täter, sondern nur Werkzeug, und der, der die Tat verursachte, der intellektuelle Urheber, wird zum sogenannten mittelbaren Täter. — Als Täter wird auch derjenige Vorgesetzte angesehen, der durch Mißbrauch seiner Dienstgewalt einen Untergebenen zum Ungehorsam bestimmt, sofern dieser Mißbrauch in Erteilung eines Befehls in Dienstsachen[1] besteht.[2] Der Untergebene, der dem verbrecherischen Vorgesetzten gutgläubig folgt und infolgedessen dem Befehl eines anderen, höheren Vorgesetzten entgegenhandelt, wird als ein willenloses Werkzeug angesehen und bleibt vollständig straffrei. Nur dann trifft ihn die Strafe des Teilnehmers:

1., wenn er den ihm erteilten, an und für sich schon auf die Herbeiführung eines Ungehorsams hinzielenden Befehl auch noch überschritten hat, oder

2., wenn ihm bekannt gewesen, daß der Befehl des Vorgesetzten eine Handlung betraf, welche einen Ungehorsam bezweckte.[3]

Wenn ein Untergebener einen Befehl überschreitet, so verletzt er damit eben diesen Befehl und macht sich dadurch schon des Ungehorsams schuldig.[4] Gleichzeitig kann er aber auch durch die Handlung, welche sich als Überschreitung des Befehls darstellt, noch einem anderen Befehl entgegenhandeln, er kann so noch eines zweiten Ungehorsams schuldig werden. Soweit nun dieser letztere in Frage kommt, soll ihm, wenn schon in der Ausführung des erhaltenen und von ihm in gutem Glauben befolgten Befehls (in Dienstsachen) ein Ungehorsamsdelikt liegt, zugute gerechnet werden, daß er zu der Straftat, insoweit er nicht durch den erhaltenen, rechtswidrigen aber gutgläubig befolgten, Befehl gedeckt ist, durch diesen doch wenigstens veranlaßt wurde. Er ist zwar Täter des selbständig hinzugefügten Delikts (den Befehlsgeber trifft für die Überschreitung des Befehls keinerlei Verantwortung[5]),

---

[1] Vergl. oben S. 32.

[2] Vergl. MStGB. §§ 47 und 115.

[3] Vergl. MStGB. § 47.

[4] Vergl. MStGB. § 92; vergl. aber auch oben S. 44.

[5] Die in der Überschreitung liegende Straftat ist nicht durch die Ausführung seines Befehls erfolgt.

doch soll ihn nur die Strafe des Teilnehmers treffen, d. h. der angedrohte Strafrahmen wird erweitert, es kann bis zur Strafe des Gehilfen herabgegangen werden.[1] Hat z. B. ein Regimentskommandeur verfügt und durch Regimentsbefehl bekannt gemacht, daß die Dienstpferde seines Regiments, abgesehen von dem Reinigen der Hufe, nicht gewaschen werden sollen, und hat trotzdem ein Eskadronchef befohlen, daß einem bestimmten Pferde Mähne und Schweif zu waschen sind, so ist es sehr wohl denkbar, ja sogar wahrscheinlich, daß der betreffende Mann, der das in Rede stehende Pferd in Wartung hat, annimmt, der Befehl des Eskadronchefs beruhe auf einer besonderen Erlaubnis des Regimentskommandeurs, und daß er ihn daher unbedenklich ausführt. Sollte diese Annahme sich später als irrig herausstellen, so kann der Mann für das Waschen von Mähne und Schweif nicht zur Rechenschaft gezogen werden; der Eskadronchef allein ist der Schuldige, der Mann war nur sein Werkzeug. Hat der Mann aber die Gelegenheit benutzt und gleich das ganze Pferd mit Wasser begossen und abgescheuert, dann ist er für diese durch die Überschreitung des ihm gegebenen Befehls herbeigeführte Verletzung des Regimentsbefehls allein verantwortlich. Soweit das Waschen des übrigen Pferdes in Frage kommt, ist er der alleinige Täter, doch soll er milder gestraft werden können.

Den Untergebenen soll ferner die Strafe des Teilnehmers treffen, wenn er durch die Ausführung eines Befehls in Dienstsachen, von dem ihm bekannt gewesen, daß er einen Ungehorsam im Sinne des MStGB.s bezweckte, ein Ungehorsamsdelikt begeht. Auch hier ist der Vorgesetzte, der den Befehl gab, für das Delikt allein verantwortlich. Er ist der Täter, der sogenannte mittelbare Täter, der Untergebene dagegen ist nur als willenloses Werkzeug tätig gewesen. Trotzdem

[1] Nach dem Wortlaut von MStGB. § 47 könnte man annehmen, daß der Untergebene, sobald er den Befehl auch nur ein klein wenig überschreitet, für das ganze Delikt mit verantwortlich gemacht werden solle, also auch mit für den Teil desselben, den er gutgläubig auf Befehl beging. Dies würde aber in höchstem Grade ungerecht sein, auch mit dem übrigen Inhalt des Paragraphen nicht in Einklang stehen. Es wird denn auch allgemein angenommen, daß die Worte: „wenn er überschritten hat“ heißen sollen: „wenn und insoweit er überschritten hat“. Für diese Auffassung spricht auch der Wortlaut des entsprechenden § 58 des Entwurfs z. MStGB.: „Der Untergebene bleibt straflos, insoweit er den Befehl nicht überschritten hat.“

wird aber letzterer bestraft und zwar deshalb, weil er sich hat als Werkzeug gebrauchen lassen, weil er seinen eigenen Willen dem des Vorgesetzten gegenüber nicht zur Geltung gebracht hat, wozu er in diesem Ausnahmefall verpflichtet war. Er wird bestraft wie ein Teilnehmer. Er ist nicht Teilnehmer, ihn trifft nur die Strafe eines solchen. Hat z. B. in dem oben angenommenen Fall der Eskadronchef seinen Befehl zum Waschen der Mähne in der Weise gegeben, daß er sagte: „Was da im Regimentsbefehl steht, ist mir ganz gleichgültig. Sie waschen eben die Mähne" — so ist der Soldat, der den Befehl befolgt und damit dem Befehl des Regimentskommandeurs zuwiderhandelt, durch den Befehl des Eskadronchefs nicht gedeckt. Es war ihm bekannt, daß dieser einen Ungehorsam gegen den Regimentsbefehl bezweckte. Er hätte deshalb den Befehl des Eskadronchefs nicht befolgen dürfen und wird bestraft dafür, daß er ihn trotz seines besseren Wissens befolgte, nicht dafür, daß er gegen den Regimentsbefehl verstieß. Dies letztere hat der Eskadronchef allein zu vertreten.[1]

Wenn nun den Untergebenen die Strafe des Teilnehmers treffen soll, so erhebt sich die Frage, ob er als Mittäter oder als Gehilfe zu bestrafen ist. Im Gesetz ist kein Anhalt zur Entscheidung dieser Frage gegeben. Es überläßt dem, der die Strafe zu verhängen hat, den weitesten Spielraum, so daß er unter Berücksichtigung der mehr oder minder großen Schuld die Strafe festsetzen kann. Meist wird die Strafe des Gehilfen am Platze sein, wenn der Untergebene lediglich aus Scheu vor der Autorität des Vorgesetzten gehandelt hat, dagegen die Strafe des Mittäters, wenn er selbst an dem Erfolge seiner Tat interessiert war.[2] Notwendig ist dies aber durchaus nicht. Das Gesetz

---

[1] Die durch die Reichstagsverhandlungen so unklar gewordene Fassung von MStGB. § 47 hat zu vielfachen Erörterungen und ebensoviel Meinungen geführt. Die im Text vertretene Ansicht entspricht im allgemeinen der in den Motiven zu dem entsprechenden § 58 des Entwurfs z. MStGB. und der in dem Zirkularschreiben des preußischen Generalauditoriats vom 12. Juli 1886 (abgedruckt bei van Calker, Befehl S. 130) zum Ausdruck gekommenen Auffassung.

Vergl. aber auch Herz-Ernst S. 62; von Koppmann S. 166 u. flg.; Hecker S. 83 u. flg.; Hecker, Lehrbuch S. 93 u. flg.; Brauer S. 25; van Calker, Befehl S. 130 u. flg.; Girginoff S. 91 u. flg.; RMGE. Bd. 1 S. 61 u. flg., 146 u. flg.

[2] So auch das frühere preußische Generalauditoriat (Zirkularschreiben vom 12. Juli 1886, abgedruckt bei van Calker, Befehl S. 130). Desgleichen auch der Reichsmilitäranwalt in RMGE. Bd. 1 S. 65.

A. M. RMGE. Bd. 1 S. 61 u. flg., sowie S. 146 u. flg. Nach diesen geht hat absichtlich den Strafrahmen erweitert, und niemand hat das Recht, einengende Zusätze zu machen.

Die Voraussetzung, unter der ein Untergebener für einen durch die Ausführung eines Befehls in Dienstsachen begangenen Ungehorsam zur Rechenschaft gezogen werden kann, ist, daß dieser begangene und durch den Befehl bezweckte Ungehorsam sich als ein Verbrechen oder

---

die Ansicht des Reichsmilitärgerichts offenbar dahin, daß in MStGB. § 47 hinter den Worten: „allein verantwortlich" zu ergänzen sei: „soweit im folgenden nicht etwas anderes bestimmt ist", und daß in demselben Paragraphen die Worte: „des Teilnehmers" soviel bedeuten sollen, wie: „eines Mitwirkenden". Die Richtigkeit dieser Ansicht läßt sich weder aus der Entstehungsgeschichte des Gesetzes noch aus dem Gesetz selbst erweisen. Im Gegenteil, § 58 des Entwurfs zum MStGB. will den Vorgesetzten stets als Täter betrachtet wissen, den Untergebenen bisweilen als Mittäter. Und dies wird in den Motiven noch besonders betont. Daß aber der Ausdruck „Teilnehmer" hier etwas anderes bedeuten solle als in dem RStGB., ist schon deshalb nicht anzunehmen, weil über dem § 47 die Überschrift „Teilnahme" gesetzt ist, was in Verbindung mit MStGB. § 2 und unter Berücksichtigung des Platzes, den der Abschnitt von der Teilnahme im MStGB. erhalten hat, deutlich zu erkennen gibt, daß hier von der Teilnahme im Sinne des RStGB.s die Rede ist. Daß in dem Paragraphen nur ein Zusatz zu den allgemeinen Bestimmungen des RStGB.s über die Teilnahme enthalten sei, wird überdies in den Motiven noch besonders hervorgehoben. Ferner ergibt sich noch aus den Motiven, daß die Worte: „Es trifft die Strafe des Teilnehmers" mit großem Vorbedacht gewählt sind. Es wird ausdrücklich darauf aufmerksam gemacht und begründet, daß in dem Entwurf steht, der Untergebene solle als Mittäter *betrachtet*, nicht *bestraft* werden. Wenn nun trotzdem statt „Mittäter" der Ausdruck „Teilnehmer" und statt „betrachtet" der Ausdruck „es trifft die Strafe" in das Gesetz aufgenommen sind, so zwingt dies dazu, in der gebrauchten Wendung nicht eine ungenaue Ausdrucksweise zu sehen, sondern die wirkliche Bedeutung als eine absichtlich gewählte zu achten.

Dies alles führt zu der Notwendigkeit im Falle von MStGB. § 47 Ziffer 2 den Vorgesetzten jedesmal als Täter (bezw. Mittäter), den Untergebenen *wie* einen Teilnehmer (Mittäter, Gehilfe) zu bestrafen.

Das Reichsmilitärgericht macht es genau umgekehrt. Es bestraft den Untergebenen jedesmal als Täter (bezw. Mittäter) und den Vorgesetzten als Teilnehmer (Anstifter, Mittäter). Zwar zieht das Reichsmilitärgericht auch eine Bestrafung des Untergebenen als Gehilfe in Erwägung, sofern nämlich der Untergebene nicht die gesamten Tatbestandsmerkmale erfüllt hat. Erfolgt aber unter dieser Voraussetzung eine Bestrafung als Gehilfe, so ist dies nur eine scheinbare Abweichung von dem Grundsatze, den Untergebenen als Täter zu bestrafen. Ging der Befehl dahin, daß der Untergebene nur Beihilfe leisten sollte, so ist eben die auf Befehl begangene Straftat eine strafbare Beihilfe, und der Täter dieses Delikts kann natürlich nicht

Vergehen charakterisiert,[1] und daß dies dem Untergebenen auch bekannt war. Das bloße Fürmöglichhalten, daß der Befehl ein Vergehen bezwecke, macht die Ausführung desselben noch nicht strafbar. „Es muß der Untergebene den Befehl nur dann mißachten, wenn er durch Ausübung desselben wissentlich dazu beitrüge, daß dem Staate eine erheblichere Strafpflicht aufgelastet würde. Nur ein solcher Befehl trägt nach Ansicht des Gesetzgebers die Unverbindlichkeit klar an der Stirne geschrieben. Nur in diesem Falle wird seiner Ansicht nach auch in dem Untergebenen Einsicht verbunden mit Rechtsgefühl in genügender Stärke sich regen, um ihm keinen Zweifel zu lassen, daß statt des regelmäßigen Gehorsams die Widersetzlichkeit zur Pflicht wird."[2] Doch die Einsicht des Soldaten ist im allgemeinen eine sehr geringe, und der Richter wird sich vor allzu hoher Bewertung der den Untergebenen belastenden Beweismittel hüten müssen. Er muß stets im Auge behalten, daß es auch einen Ungehorsam gibt, der kein Vergehen ist, der, wenn von einem Vorgesetzten gefordert, dem Untergebenen nicht die Berechtigung gibt, eben diesem Vorgesetzten den Gehorsam zu verweigern.[3] Es ist sehr wohl möglich, daß ein Mann, der anfangs zögert, ja sogar sich sträubt, einen verbrecherischen Befehl auszuführen, ihn aber, von den Drohungen des Vorgesetzten eingeschüchtert, schließlich doch erfüllt, nicht strafbar ist. Das Zögern und Sträuben beweist noch lange nicht, daß der Untergebene die anbefohlene Handlung als eine auf der Höhe eines Verbrechens oder Vergehens stehende Straftat erkannt habe, es beweist nur, daß er das Gefühl hatte, daß man ihm etwas Unrechtes ansinne, und daß er deshalb Bedenken hatte, dem Befehle nachzukommen. Der Soldat ist aber dazu erzogen, in dem Vorgesetzten einen Menschen von höherem Wissen und von einwandfreier Gesinnung zu achten. Er wird in seinen, meist nicht in ruhiger Gemütsverfassung angestellten, Erwägungen nur gar zu leicht zu dem Schluß kommen, daß der mit höherer Einsicht begabte

---

anders als wegen Beihilfe bestraft werden. Ging aber der Befehl auf selbständige Begehung der Tat und leistet der Untergebene nur Beihilfe, so tut er etwas anderes, als was ihm befohlen worden. Er begeht ein selbständiges Delikt, auf das MStGB. § 47 nicht Anwendung finden kann. Die in diesem Falle verhängte Gehilfenstrafe beruht einzig und allein auf RStGB. § 49.

[1] Vergl. oben S. 33.

[2] Binding, Normen Bd. 2 S. 471.

[3] Vergl. unten S. 70.

Vorgesetzte die Sache besser verstehen, er auch nichts befehlen werde, was er nicht verantworten könne. Und dies wird um so mehr der Fall sein, je energischer und selbstbewußter der Vorgesetzte auftritt. Man prüfe also in solchem Falle sehr genau, ehe man für erwiesen erachtet, daß dem Untergebenen der verbrecherische Zweck des Befehls bekannt gewesen.

Je weniger der Untergebene die Rechtmäßigkeit eines ihm erteilten Befehls in Dienstsachen prüft, um so besser für ihn, um so sicherer entgeht er der Gefahr, wegen der Ausführung eines solchen zur Rechenschaft gezogen zu werden. Dies ist aber nur der Fall, sofern es sich um einen „Befehl in Dienstsachen" handelt. Denn nur betreffs eines solchen trägt der Befehlsgeber die Verantwortung für die Folgen seiner Ausführung. Ein Dienstbefehl, der nicht Befehl in Dienstsachen ist, hat nicht die gleiche Rechtsverbindlichkeit, wie dieser, er genießt deshalb auch keinen strafrechtlichen Schutz. Der Untergebene hat ihm nur insoweit Folge zu leisten, als er damit nicht eine höhere Pflicht verletzt. Läßt er dies außer acht, so ist er in Ansehung des auf Befehl begangenen Delikts als alleiniger Täter zu betrachten, während der Vorgesetzte, der den Befehl erteilte, als Anstifter zu beurteilen ist. Der bloße Dienstbefehl eines Vorgesetzten ist für den Untergebenen kein Strafausschließungsgrund, auch dann nicht, wenn ihm nicht bekannt war, daß der Befehl ein Verbrechen oder Vergehen bezweckte. Ihn trifft in solchem Falle die Strafe des Täters, soweit Delikte in Frage kommen, zu deren Begehung der Vorsatz nicht erfordert wird.[1]

V. Die Strafrechtswidrigkeit.[2]

§ 28.

1. Übersicht.

Strafbar ist eine Handlung nur, wenn sie strafrechtswidrig ist.

Strafrechtswidrigkeit ist nicht gleichbedeutend mit Rechtswidrigkeit (Normwidrigkeit) schlechthin. Ob eine Handlung an und für sich, ab-

[1] Ob dies beim Ungehorsam zutrifft, darüber siehe unten S. 87 u. flg.

[2] Im nachfolgenden ist nur vom Strafrecht sowie von militärischen Verbrechen und Vergehen die Rede. Es finden aber auf die DStO. und die nur der Disziplinarbestrafung unterliegenden Handlungen die gleichen Grundsätze Anwendung.

gesehen von ihrer strafrechtlichen Reprobation, rechtswidrig ist, erscheint unerheblich. Es kommt für den Begriff der Strafrechtswidrigkeit einzig und allein auf die Stellung an, die das Strafrecht der betreffenden Handlung gegenüber einnimmt. Und hiernach ist eine Handlung strafrechtswidrig:

in objektiver Beziehung (d. h. in Berücksichtigung lediglich der Tatsachen und unbeeinflußt durch dem Täter etwa zugute kommende, die Rechtswidrigkeit aufhebende Umstände), wenn sie mit Strafe bedroht war, als sie vorgenommen wurde;

in subjektiver Beziehung (d. h. mit Rücksicht darauf, daß die Handlung gerade von diesem Täter und unter den ihm gegebenen Verhältnissen ausgeführt wurde), wenn sie dem Täter auf die Rechnung gesetzt, ihm „zugerechnet" werden muß.

2. Die objektive Strafrechtswidrigkeit.

§ 29.

a) Im allgemeinen.

Objektiv strafrechtswidrig ist eine Handlung dann, wenn sie einen mit Strafe bedrohten Tatbestand erfüllt. Es ist demnach das Nichtbefolgen, Überschreiten oder Abändern eines Befehls, mit einem Worte: der Ungehorsam, eine objektiv strafrechtswidrige und deshalb strafbare Handlung. Und daran kann nichts ändern, wenn der betreffende Befehl, der mißachtet worden, noch vor der Entdeckung des Ungehorsams zurückgenommen wurde, die fragliche Handlung, zur Zeit der Entdeckung begangen, also strafrechtswidrig nicht sein würde, wobei auch ohne Einfluß ist, ob der Befehl zurückgenommen wurde, weil er den veränderten Verhältnissen nicht mehr entsprach, oder gar deshalb, weil er von Anfang an unsachgemäß war. Es ist denkbar, daß ein Stadtkommandant den Militärpersonen den Besuch eines bestimmten Wirtshauses verbietet, daß aber der kommandierende General mit dieser Maßregel nicht einverstanden ist und die Zurücknahme des Verbotes veranlaßt. Kommt nun nach der Aufhebung des Verbotes an den Tag, daß ein Soldat das betreffende Wirtshaus zu einer Zeit, da das Verbot noch in Kraft war, besucht hat, so ist er trotz der inzwischen veränderten Sachlage zu bestrafen. Er hat zwar nur getan, was jetzt so und so viele seiner Kameraden täglich ungestraft tun, er hat sich auch mit seinem kommandierenden General im Einklange befunden, als er in dem Besuche des Wirtshauses etwas an und für sich Verwerfliches nicht erblickte, aber das kann ihn nicht entschuldigen. Entscheidend ist, daß der Soldat einem zur Zeit seiner Handlung vollgültigen Befehl nicht Folge geleistet hat. Nicht auf die vielleicht ganz harmlose Handlung selbst kommt es an, sondern auf den in der Handlung liegenden Angriff gegen die Autorität der Vorgesetzten. Dieser ist das Strafrechtswidrige an dem Verhalten des Mannes, das unbedingt eine Sühne erheischt.

b) Im besonderen.

§ 30.

α) Der Notstand.

Der Satz, daß eine Handlung dann strafrechtswidrig ist, wenn sie einen mit Strafe bedrohten Tatbestand erfüllt, erleidet Ausnahmen. Der im allgemeinen und grundsätzlich verbotene Angriff auf dem Staate wesentliche und deshalb rechtlich geschützte Interessen wird ausnahmsweise und unter ganz bestimmten Voraussetzungen im Interesse höherer Zwecke durch die Rechtsordnung gestattet oder doch wenigstens unverboten gelassen. „Überall wo der Staat vor zwei Übeln steht, von denen eines sicher kommt, meidet er das größere, wählt er das kleinere, nimmt er von zwei gleichgroßen Übeln das eintretende hin.“ [1]

So erklärt das RStGB.[2] eine sonst strafbare Handlung zwar nicht für berechtigt, aber doch für straflos,[3] wenn sie in einem unverschuldeten, auf andere Weise nicht zu beseitigenden Notstande zur Rettung aus einer gegenwärtigen Gefahr für Leib oder Leben des Täters oder eines Angehörigen begangen worden. Die in Beziehung auf Verbrechen und Vergehen allgemein geltenden Bestimmungen des RStGB.s finden aber auf militärische Verbrechen oder Vergehen ent-

---

[1] Binding, Handbuch S. 760.

[2] RStGB. §§ 52 und 54.

[3] So die herrschende Meinung. Vergl. Binding, Handbuch S. 765; Finger S. 421; Olshausen, Kommentar z. RStGB. Bd. 1 S. 231, und andere. Die Frage, ob durch den Notstand die Rechtswidrigkeit schlechthin oder nur die Strafrechtswidrigkeit einer Handlung aufgehoben wird, ist von Bedeutung für den Fall, daß der Notstandshandlung Notwehr (nach herrschender Meinung berechtigte Notwehr) entgegengesetzt wird.

sprechende Anwendung.[1] Folglich wäre auch der militärische Ungehorsam straflos, sobald er durch solch einen Notstand verursacht wurde, wenn nicht MStGB § 49 ausdrücklich bestimmte, daß die Verletzung einer Dienstpflicht aus Furcht vor persönlicher Gefahr ebenso zu bestrafen ist, wie die Verletzung der Dienstpflicht aus Vorsatz, daß also die Beschränkung der freien Willensbestimmung durch Furcht vor persönlicher Gefahr kein Grund ist, die Verletzung der Gehorsamspflicht durch eine Militärperson milder als sonst zu beurteilen.[2] Es ist demnach der Soldat zum Bestehen des Notstandes verpflichtet, soweit dieser seine Person berührt, und nicht einmal in Friedenszeiten gibt ihm eine drohende persönliche Gefahr die Berechtigung, einen gegebenen Befehl unausgeführt zu lassen. Anders aber liegen die Verhältnisse, wenn der Notstand in einer einem Angehörigen[3] drohenden, unverschuldeten, gegenwärtigen, auf andere Weise nicht abwendbaren Gefahr für Leib oder Leben besteht. Für diesen Fall ist eine Bestimmung im MStGB. nicht getroffen. Es hat also der infolge solchen Notstandes verübte Ungehorsam straflos zu bleiben.

So das geltende Recht. Daß die Aufnahme einer auch den zweiten Fall regelnden Bestimmung in das MStGB. zu wünschen ist, liegt auf der Hand. Wenn die Begleitmannschaften einer auf schlechtem Wege stecken gebliebenen Proviantkolonne ihren Mundvorrat aufgezehrt haben und sich angesichts der Gefahr zu verhungern trotz Verbotes an den zu transportierenden Vorräten vergreifen, so dient ihnen der Notstand nicht zur Entschuldigung,[4] wenn aber ein Befehlshaber das todeswürdige Verbrechen[5] begeht, im Felde mit Vernachlässigung der ihm zu Gebote stehenden Verteidigungsmittel den ihm anvertrauten Posten zu verlassen, nur um seinen (unverschuldet) in Feindesgewalt geratenen Sohn vor ihm sonst drohender (sofortiger) Mißhandlung zu bewahren, dann soll er straffrei bleiben. — Dies Beispiel dürfte hinreichend beweisen, daß das Gesetz hier eine Lücke aufweist. Es stehen im Kriege zu hohe Interessen des Staates auf dem Spiel, als daß

---

[1] Vergl. MStGB. § 2.

[2] Vergl. außerdem MStGB. § 87, der für Verletzung einer militärischen Dienstpflicht aus Besorgnis vor persönlicher Gefahr noch eine Zusatzstrafe androht.

[3] Vergl. RStGB. § 52 Abs. 2.

[4] Vergl. jedoch unten S. 74 u. flg.

[5] Vergl. MStGB. § 63.

dieser die durch die Sorge um einen Angehörigen verursachte Verletzung einer militärischen Dienstpflicht straflos lassen könnte. Wenn das Strafgesetz die Notstandshandlung nicht unter Strafe gestellt hat, so geht es davon aus, daß in einer Zwangslage, in welcher ein Rechtsgut nur durch Verletzung eines anderen erhalten werden kann, der Staat kein Interesse daran habe, das Unterlassen einer verletzenden Tätigkeit, die doch zugleich eine erhaltende ist, zu fordern. Doch es gibt Ausnahmen. Und eine solche ist immer gegeben, wenn der Bestand des Staates selbst in Frage steht.[1] Eine Bestimmung, daß ein Notstand unter keinen Umständen die Verletzung einer militärischen Dienstpflicht entschuldigen könne, dürfte am Platze sein.

§ 31.

β) Die Notwehr.

Der durch einen sich auf Angehörige beziehenden Notstand veranlaßte Ungehorsam ist nach heutigem Recht straflos. Es ist dies der Fall, weil das Strafrecht in ihm eine rechtlich irrelevante Handlung erblickt. Das Strafrecht geht aber noch weiter. Es läßt bisweilen den militärischen Ungehorsam ungestraft, weil es unter gewissen Voraussetzungen ein Recht des Untergebenen zum Ungehorsam anerkennt. Die Notwehr, das ist diejenige Verteidigung, welche erforderlich ist, um einen gegenwärtigen, rechtswidrigen Angriff von sich oder einem anderen abzuwenden, ist durch das RStGB. ausdrücklich auch dann gestattet, wenn zu ihrer Durchführung die Verletzung eines Strafgesetzes geboten ist.[2] Das Recht braucht dem Unrecht nirgends zu weichen. Daher steht die Notwehr jedermann zu, ist die Notwehr gegen jedermann zulässig. Beschränkende Ausnahmen sieht die Rechtsordnung nicht vor. Auch das MStGB. bietet durchaus keinen An-

---

[1] Man denke auch an die Folgen, welche die Anerkennung eines Notstandes bezüglich Angehöriger bei Niederkämpfung innerer Unruhen nach sich ziehen könnte. Freilich wird der Angehörige des Soldaten bei Aufständen meist nicht unverschuldet in Gefahr geraten, aber es ist doch auch denkbar, daß er nur gezwungen oder versehentlich unter der aufrührerischen Menge sich befindet. Hätte nicht der Generalfeldmarschall von Wrangel im Jahre 1848 dem Einmarsch der Truppen in Berlin entgegen seinem Auftrag Halt gebieten können, um dadurch seine für den Fall des Einmarsches mit dem Tode bedrohte Gemahlin aus Lebensgefahr zu erretten?

[2] Vergl. RStGB. § 53.

halt dafür, daß, wie in letzter Zeit häufig geäußert worden, die auf die Notwehr bezüglichen allgemeinen Bestimmungen des RStGB.s auf militärische Verbrechen und Vergehen eine andere Anwendung zu finden hätten als die übrigen allgemeinen Bestimmungen dieses Gesetzbuches, daß in Sonderheit gegenüber Vorgesetzten den Untergebenen nur ein eingeengtes Notwehrrecht gegeben sei.

Diese Ansicht findet, wie gesagt, keinerlei Bestätigung. Es hat demnach jede Militärperson genau dasselbe Recht zur Notwehr, wie ein dem Militärstrafrecht nicht unterworfener Zivilist.

Hieraus ergibt sich, daß der bei Gelegenheit echter Notwehr verübte Ungehorsam berechtigter Ungehorsam ist.

Die Voraussetzungen echter Notwehr sind:[1]

1. Ein gegenwärtiger Angriff. Er muß begonnen haben und darf noch nicht beendet sein. Hierzu ist nicht nötig, daß bereits der Anfang einer Verletzung festgestellt ist, sondern es genügt, wenn zu erkennen ist, daß der Angreifer daran geht, den Angriff vorzunehmen. Andererseits darf aber der Angriff auch noch nicht aufgegeben oder durchgeführt sein. Die Notwehr ist weder Schutzmaßregel noch Rache, sie ist Verteidigung, Erhaltung des rechtmäßigen Zustandes.

2. Ein rechtswidriger Angriff. Er braucht nicht strafrechtswidrig zu sein, es genügt, wenn er objektiv nicht berechtigt ist. In diesem Sinne ist „die Rechtswidrigkeit überall gegeben, wo nicht der Angegriffene verpflichtet ist, den Angriff über sich ergehen zu lassen".[2]

3. Ein gegen ein Rechtsgut gerichteter Angriff. Es handelt sich hier „nicht bloß um einen gegen die Person eines anderen geführten Angriff, sondern um jeden Angriff auf Leib, Leben, Ehre oder Vermögensgegenstände, jeden Eingriff in die Rechtssphäre einer anderen Person".[3]

Das Notwehrrecht steht nicht nur dem Angegriffenen, sondern auch jedem Dritten zu. Es ist das Recht zu der für die Abwendung eines Angriffs erforderlichen Verteidigung, zu einer Verteidigung, welche die Grenzen des unbedingt Notwendigen also nicht überschreiten

---

[1] Vergl. Binding, Handbuch S. 730 u. flg.; Berner S. 107 u. flg.; von Liszt S. 144 u. flg.; Finger S. 383 u. flg.; H. Meyer S. 275 u. flg.; Merkel S. 162 u. flg.

[2] Vergl. RGE. Bd. 21 S. 171.

[3] Vergl. RGE. Bd. 21 S. 170.

darf. Das hiernach innezuhaltende Maß bestimmt sich allein nach der Heftigkeit des Angriffs, auf eine Verhältnismäßigkeit zwischen dem Werte des angegriffenen und des bei der Verteidigung verletzten Rechtsgutes kommt es nicht an. Auch ist es nicht nötig, daß die gewählte Art der Verteidigung das einzige Mittel ist, um dem Angriff zu entgehen, und ebensowenig kommt in Betracht, ob der Angriff verschuldet war oder nicht.

Hiernach ist es echte Notwehr und deshalb berechtigter Ungehorsam, wenn ein Soldat, dem befohlen worden, still zu stehen, in dem Augenblick, da der Vorgesetzte ausholt, ihn zu schlagen, den Arm zur Abwehr erhebt, oder wenn ein begüterter Leutnant dem Befehle seines Kommandeurs, zugunsten der Unteroffiziere des Regiments eine Stiftung zu machen, nicht nachkommt. Hier liegt ein gegenwärtiger rechtswidriger Angriff auf die Person bezw. das Eigentum des Untergebenen vor. Dieser hat das Recht, sich zu wehren, und da hierbei der Ungehorsam unvermeidlich, hat er auch das Recht, ungehorsam zu sein. — Es ist übrigens für die Beurteilung der Notwehr ohne Belang, ob die bei Gelegenheit der Notwehr verübte Rechtsverletzung sich außer dem Angreifer noch einem anderen oder auch nur einem anderen gegenüber geltend macht. Ist ein Soldat von Kameraden in einem Zimmer eingeschlossen worden, so haben diese einen rechtswidrigen Angriff gegen seine Freiheit, einen Eingriff in seine Rechtssphäre unternommen. Hat aber der Soldat die Durchführung des Angriffs dadurch verhindert, daß er zum Fenster hinaussprang, noch ehe seine Angreifer ihm auch diesen Weg versperrten, so hat er getan, was zur Abwendung des gegenwärtigen, rechtswidrigen Angriffs erforderlich war, und eine strafbare Handlung ist nicht vorhanden, auch dann nicht, wenn der Verkehr durch das Fenster untersagt war. Allerdings verletzt hier die nach dem Willen des Täters gegen die Angreifer gerichtete Verteidigungshandlung nicht diese, sondern einen Unbeteiligten, den Vorgesetzten, der das mißachtete Verbot erließ. Aber das Gesetz[1] gestattet *jede* Verteidigung, welche zur Abwendung des Angriffs erforderlich ist, folglich unter dieser Voraussetzung auch die Verletzung der Rechte eines Dritten.[2]

---

[1] RStGB. § 53.

[2] So auch RGE. Bd. 21 S. 168; *van Calker*, Zeitschrift Bd. 12 S. 471; *Frank* S. 92; *Puchelt* S. 105; *von Schwarze* S. 231.

A. M. die meisten, namentlich: *Finger* S. 393 u. flg.; *Binding*, Handbuch

Die Notwehr ist die Verteidigung, welche erforderlich ist, um einen Angriff von sich oder einem anderen abzuwenden. Es ist also keineswegs Voraussetzung der Notwehr, daß der Handelnde selbst angegriffen wird.

Da es auch eine Notwehr gegen eine drohende Beleidigung gibt,[1] so ist jeder in Reih und Glied stehende Soldat berechtigt, einem Vorgesetzten auf dessen Worte: „Halten Sie den Mund, Sie Esel, Sie . . .“, etwa zu entgegnen: „Bitte nicht weiter!“ (nämlich reden) und, wenn dies keinen Erfolg hat, dem Vorgesetzten mit Gewalt den Mund zuzuhalten. Die Worte, welche der Vorgesetzte bereits gesagt hat, lassen deutlich erkennen, daß er beabsichtigt, noch mindestens eine Beleidigung hinzuzufügen; ob etwa der Mann die Beleidigungen provoziert hatte, ist ohne Bedeutung, das würde das Recht der Notwehr nicht aufheben; und daß man sich auf maßvollere Weise vor drohenden Beleidigungen schützen könne, ist nicht gut denkbar, ein Weggehen hätte nur zur Folge gehabt, daß der Soldat die Ehrenkränkungen nicht mehr gehört hätte, verhindert hätte es sie nicht. Folglich hat der Mann durchaus nicht unberechtigt gehandelt, wenn er dem Befehl

S. 750; H. Meyer S. 282; von Liszt S. 147; Merkel S. 164; Olshausen, Kommentar z. RStGB. Bd. 1 S. 228; Oppenhoff S. 150. Sie alle sind der Ansicht, daß die Verletzung, die sich gegen Dritte, am Angriff Unbeteiligte, zum Schutze des angegriffenen Rechtsgutes kehrt, keine Notwehrhandlung ist. Sie soll nur dann straflos sein, wenn sie durch einen Angriff auf Leib oder Leben veranlaßt wurde, wenn sie sich also als Notstandshandlung charakterisiert. Nur Oppenhoff begründet seine Ansicht. Er sagt: „Die Notwehr (weil „Verteidigung“) muß gegen den Angreifenden und die ihn Unterstützenden geübt werden.“ Ist es denn aber nicht Verteidigung, wenn ich auf einen Wilddieb schieße, der auf mich angelegt hat? Ist das etwa nur so lange Verteidigung, als nicht hinter dem Wilddieb ein holzsuchendes Kind sich befindet, das durch meine Kugel auch noch mit getroffen wird? Und wenn ich von des Nachbars Zaun eine Latte losreiße, um damit einem Einbrecher, den ich bei meiner nächtlichen Heimkehr in meinem Hause bemerke, entgegenzutreten, so soll dies, als nur Vorbereitung der eigentlichen Verteidigung, als noch nicht unmittelbar gegen den Einbrecher gerichtet, nicht Notwehr sein? Ich hätte dann vorsätzlich und rechtswidrig eine fremde Sache beschädigt und müßte, da ein Strafausschließungsgrund (Schuldausschließungsgrund) nicht vorhanden, wegen Sachbeschädigung bestraft werden. Und doch habe ich nach dem BGB. in diesem Falle das Recht, über die fremde Sache zu verfügen! (Vergl. BGB. § 904.) Kann das Strafrecht eine Handlung unter Strafe stellen, die das bürgerliche Recht für berechtigt erklärt?

[1] Vergl. RGE. Bd. 21 S. 168; RMGE. Bd. 6 S. 225.

„den Mund zu halten", d. h. still zu sein, nicht nachkam und schließlich sogar tätlich wurde. Aber noch mehr! Nicht er allein hatte das Recht, dem Angriff auf seine Ehre entgegenzutreten. Nein auch jeder andere, der es hörte, ja die ganze Abteilung beging nichts Strafbares, wenn sie in derselben Weise den Angriff des Vorgesetzten von ihrem Kameraden abwendeten.

Es ist ja sehr erwünscht, wenn der Soldat ehrliebend ist, und alle Kommandostellen setzen alles daran, den, der es etwa noch nicht sein sollte, dazu zu machen. Ohne Ehrgefühl der Mannschaften sind Erfolge im Kriege nicht zu erzielen. Aber solche Möglichkeiten, wie sie eben geschildert wurden, die gehen doch wohl zu weit.

Es darf ja nicht übersehen werden, daß die Vorgesetzten beim Militär eine sehr große Machtvollkommenheit besitzen, daß daher manche ihrer Handlungen, die vielleicht den Schein des Rechtswidrigen an sich trägt, doch nicht rechtswidrig ist,[1] also zur Notwehr nicht berechtigt. Aber die Vorgesetzten sind doch auch Menschen. Wenn der geringste Fehler von ihrer Seite die Berechtigung zu Gehorsamsverweigerung oder gar Tätlichkeiten verleiht, so muß das die militärische Disziplin, die staatliche Autorität, die Gesamtheit mehr schädigen, als es dem einzelnen nützen kann.

Und nun gar noch das Eingreifen von Unbeteiligten, das Parteinehmen von Untergebenen gegen den Vorgesetzten. Der Untergebene ist zum Hüter des Rechts geworden, er hat die Berechtigung erhalten, seine Vorgesetzten zu beaufsichtigen. Viel mehr ließ sich kaum tun, um die trotz alledem immer noch herrschende Disziplin zu untergraben.

Aber noch andere Gefahren bringt das den Untergebenen unbeschränkt gelassene Notwehrrecht gegenüber den Vorgesetzten mit sich: Da ist ein Mann als Posten vor dem Feinde aufgestellt. Die Sicherheit der gesamten Truppe beruht auf seiner Wachsamkeit. Er aber sieht, wie in der Ferne ein Sittlichkeitsverbrechen versucht wird, und schnell eilt er hin, der Bedrohten beizustehen. Er vertreibt den Angreifer, aber unterdessen ist der Feind gekommen. Unbemerkt ist dieser bis zur Truppe vorgedrungen, hat sie überfallen und ihr eine furchtbare Niederlage beigebracht. Der Mann, der eigenmächtig seinen

[1] Vergl. insonderheit MStGB. § 124, außerdem auch Binding, Handbuch S. 801.

Posten verließ, müßte mit dem Tode, oder bei milderer Beurteilung, mit Freiheitsstrafe nicht unter 10 Jahren bestraft werden,[1] aber er hat ja aus Notwehr gehandelt, er hat einen gegenwärtigen, rechtswidrigen Angriff von einer Bewohnerin des feindlichen Landes abgewendet. Wenn zur Durchführung der Verteidigung dieser Frau die Verletzung von Rechten Dritter erforderlich war, so ist das zwar bedauerlich aber nicht strafbar. Die Rechtsverletzung war, wenigstens nach Ansicht des höchsten Gerichtshofs, eine berechtigte.

Glücklicherweise schützt das gesunde Gefühl unserer Soldaten verbunden mit ihrer Unkenntnis der gesetzlichen Bestimmungen vor allzuhäufiger Ausübung dieses jedermann zustehenden, so überaus weitgehenden Notwehrrechts. Das kann aber kein Grund sein, die Notwendigkeit einer Revision der einschlagenden Gesetze zu leugnen. Ob es wünschenswert ist, daß der Umfang des Notwehrrechts für das ganze deutsche Volk allgemein eingeschränkt werde, kann hier dahingestellt bleiben, das aber ist unbedingt zu fordern, daß bei Notwehrhandlungen Untergebener gegenüber dem Angriffe eines Vorgesetzten die Energie der Verteidigung nicht außer Verhältnis stehen darf zu der Bedeutung des angegriffenen Gutes.[2]

Sind die Voraussetzungen der Notwehr vorhanden, geht aber die Notwehrhandlung über die Grenzen *erforderlicher* Verteidigung hinaus, so fällt diese Überschreitung unter die gewöhnlichen Strafbestimmungen. Jedoch soll sie straflos bleiben, wenn der Täter aus Bestürzung oder Schrecken über die Grenzen der Verteidigung hinausgegangen ist.[3] Dem Zivilisten dient in solchem Falle auch noch der Beweggrund der Furcht[3] zur Entschuldigung. Dies ist für die Militärperson ausgeschlossen, soweit es sich wenigstens um Furcht vor persönlicher Gefahr handelt, da nach MStGB. § 49 Furcht vor persönlicher Gefahr keine strafausschließende oder mildernde Wirkung hat. So bleiben dem Soldaten für etwaiges unbedachtes Handeln nur die Entschuldigungsgründe der Bestürzung und des Schreckens, obgleich für ihn auch dies beides nicht gerade rühmlich ist.

---

[1] Vergl. MStGB. § 141 Abs. 2.

[2] Der Ansicht von *Herz-Ernst* (S. 64), daß dies schon heute Rechtens sei, kann nicht beigestimmt werden.

[3] Vergl. RStGB. § 53.

§ 32.

γ) Die ausnahmsweise Pflicht zu Ungehorsam.

Nicht immer ist, wie die vorstehenden Erörterungen zeigen, der militärische Ungehorsam strafrechtswidrig. Notstand und Notwehr schließen seine Strafbarkeit aus, weil sie ihn teils zu einer strafrechtlich irrelevanten, teils zu einer berechtigten Handlung machen. Doch noch mehr! Es gibt sogar Fälle, in denen der Ungehorsam gegen einen militärischen Befehl geradezu zur Pflicht wird.

Dies ist in erster Linie der Fall, wenn dem Untergebenen bekannt ist, daß ein ihm erteilter Befehl in Dienstsachen eine Handlung betrifft, welche ein bürgerliches oder militärisches Verbrechen oder Vergehen bezweckt.[1] Durch die Ausführung der befohlenen Handlung müßte der Tatbestand eines Verbrechens oder Vergehens erfüllt werden, darauf kommt es an. Ob das Geben des Befehls schon für sich allein eine Straftat ist, ist ohne Belang. Ein Regimentskommandeur befiehlt zur Erzielung gesteigerter äußerlicher Gleichmäßigkeit seinen Kompagniechefs, daß diese ihre Mannschaften in der Weise einexerzieren sollen, daß auf das Kommando „Rührt euch!" ein bestimmter Fuß vorzusetzen ist. Davon steht im Exerzier-Reglement kein Wort. Der Kommandeur macht also einen Zusatz zum Reglement und verstößt dadurch gegen den ausdrücklichen Befehl Sr. Majestät des Kaisers.[2] Er macht sich somit durch die Erteilung des Befehls des Ungehorsams schuldig. Der Kompagniechef aber, der einen solchen Befehl ausführen wollte, müßte seinerseits bei den Exerzierübungen von dem Reglement abweichen. Er würde ebenfalls gegen den Befehl des Allerhöchsten Kriegsherrn, der die grundsätzliche Beschränkung des im Reglement gelassenen Spielraums untersagt, verstoßen, er würde sich also auch eines Vergehens schuldig machen. Nur der Mann, der dem Befehl nachkommt, tut nichts Strafbares. Er ändert nichts am Reglement, er setzt nur einen Fuß vor, wenn man es von ihm verlangt. Und das Vorsetzen eines Fußes ist weder ein Verbrechen noch ein Vergehen. Folglich hat im vorliegenden Falle der Kompagniechef die Pflicht, dem Kommandeur den Gehorsam zu verweigern, der gemeine Soldat aber die Pflicht, dem

---

[1] Vergl. MStGB. § 47.

[2] Vergl. die Vorrede zum Exerzier-Reglement für die Infanterie.

rechtswidrigen Befehl des Kompagniechefs Folge zu leisten. — Wenn ferner ein Regimentskommandeur seinen Offizieren den Befehl gibt, zu einer Stiftung zugunsten der Unteroffiziere Geld beizusteuern, so macht er sich des Mißbrauchs seiner Dienstgewalt schuldig. Das Geben des Befehls ist ein Vergehen, die durch den Befehl bezweckte Handlung der Untergebenen ist es aber nicht. Das Hergeben von Geld ist nichts Strafbares. Daher haben hier die Untergebenen nicht die Pflicht, den Befehl unausgeführt zu lassen, sie haben nur ein Recht dazu, weil der in dem Befehl liegende rechtswidrige Angriff auf ihr Eigentum ihnen Notwehrhandlungen gestattet.[1] Ganz anders aber läge der Fall, wenn der Kommandeur befohlen hätte, anläßlich der Berichterstattung über einen unangenehmen Vorfall etwas von der Wahrheit abzuweichen. Die durch den Befehl bezweckte Handlung würde das vorsätzliche Erstatten eines unrichtigen dienstlichen Berichts sein. Da dies ein Vergehen ist,[2] hat der die Sachlage klar erkennende Untergebene die Pflicht, dem betreffenden Befehl nicht nachzukommen.

Der das Militärstrafrecht beherrschende Grundsatz ist der, daß der Untergebene jeden von einem Vorgesetzten erteilten Befehl in Dienstsachen unbedingt zu befolgen hat. Nur wenn sich dem Untergebenen die Überzeugung aufdrängt,[3] daß der Vorgesetzte mit seinem Befehl nicht eine im Interesse des Dienstes liegende, sondern eine vom Gesetz mit Verbrechens- oder Vergehensstrafe bedrohte Handlung bezweckt, dann soll er verpflichtet sein, das höhere Staatsinteresse wahrzunehmen und die drohende Rechtsverletzung durch Gehorsamsverweigerung zu verhindern. Übertretungen und Disziplinarverfehlungen muß der Untergebene auf einen Befehl in Dienstsachen hin begehen. Dies widerspricht zwar dem allgemeinen Rechtsgefühl, aber die Verletzung der Rechtsordnung ist hier eine so geringfügige, daß sie der durch die von Untergebenen an den Befehlen der Vorgesetzten geübte Kritik herbeigeführten Schädigung der Disziplin gegenüber nicht in Betracht kommen kann,[4] zumal die Aufrechterhaltung der Disziplin nicht nur im militärischen, sondern ebensosehr auch im allgemeinen öffentlichen Interesse liegt.

---

[1] Vergl. oben S. 63 u. flg.

[2] Vergl. MStGB. § 139.

[3] Vergl. oben S. 57 u. flg.

[4] A. M. van Calker, Befehl S. 114.

Nur die Nichtbefolgung usw. eines Befehls in Dienstsachen[1] ist gesetzlich unter Strafe gestellt.[2] Deshalb trägt auch nur für ihn der Befehlsgeber in den oben bezeichneten Grenzen die Verantwortung. Für die Ausführung von Befehlen, die nicht Befehle in Dienstsachen sind, bleibt der Untergebene stets selbst verantwortlich. Er hat sich daher vor Ausführung eines einfachen Dienstbefehls[1] jedesmal zu überlegen, ob die von ihm geforderte Handlung auch nicht etwa gegen irgend eine Rechtsvorschrift verstößt. Ist dies der Fall, so darf er dem Befehl nicht Folge leisten. Weder die Geringfügigkeit der Rechtsverletzung noch sein guter Glaube an die Erlaubtheit seiner Tat würden ihn vor Strafe schützen.

Der militärische Gehorsam ist also keineswegs ein „blinder". Immer muß sich der Untergebene Rechenschaft geben über das, was er tut. Er soll nicht eine Maschine sein, sondern ein denkender Mensch. Er soll sich stets sein selbständiges Urteil bewahren und den Mut haben, gegebenenfalls auch gegen einen Befehl zu handeln. Der Soldat hat die Pflicht zum Ungehorsam in allen Fällen, in denen die Ausführung eines Befehls (von Übertretungen und Disziplinarverfehlungen abgesehen) rechtswidrige Folgen nach sich ziehen würde, und das nicht etwa nur dann, wenn diese Folgen von dem, der den Befehl gab, beabsichtigt waren.

Es ist denkbar, daß der Ausführung eines Befehls ein anderer von höherer Seite erteilter Befehl entgegensteht. Daß in diesem Falle nach militärischem Grundsatze der erstgenannte Befehl nur dann zu befolgen ist, wenn derjenige Vorgesetzte, der ihn gab, die Verantwortung dafür ausdrücklich übernimmt, ist schon oben erwähnt worden.[3] Da es jedoch oft nicht möglich ist, dem Vorgesetzten zu melden, daß man bereits einen anderen Befehl habe (z. B. immer, wenn der Befehl nicht persönlich, sondern durch Vermittelung eines Dritten erteilt wurde), so ergeben sich auf diese Weise zahlreiche Fälle, in denen der Ungehorsam zur Pflicht wird.

Weiter ist es denkbar, daß die Gehorsamspflicht mit einer anderen Pflicht kollidiert. Ist diese andere Pflicht eine Berufspflicht, so geht sie der militärischen Gehorsamspflicht in jedem Falle vor. Denn eine

---

[1] Vergl. oben S. 30 u. flg.

[2] Vergl. MStGB. § 92.

[3] Vergl. oben S. 36.

Kollision von Berufspflicht und militärischer Pflicht kann nur bei Personen eintreten, die bloß nebenher, in zweiter Linie Militärpersonen sind. Es kommen lediglich Beamte und Ärzte in Frage. Das Verhältnis der ersteren zu den militärischen Vorgesetzten ist genau geregelt, so daß bei ihnen aus einem etwaigen Gegensatz zwischen Berufspflicht und militärischer Gehorsamspflicht Schwierigkeiten nicht entstehen können.[1] Anders steht es dagegen mit der rechtlichen Stellung der Sanitätsoffiziere (und einjährig-freiwilligen Ärzte). Diese sind Personen des Soldatenstandes und ihren Vorgesetzten[2] im allgemeinen genau denselben Gehorsam schuldig, wie die anderen Soldaten den ihrigen. Auch hinsichtlich ihrer ausschließlich ärztlichen Tätigkeit sind die Sanitätsoffiziere vielfach der Befehlsgewalt Höherer unterworfen. Nur den Chef- und ordinierenden Ärzten der Lazarette ist in dieser Beziehung volle Selbständigkeit eingeräumt,[3] soweit sie wenigstens nicht mit den nur im Kriege in Tätigkeit tretenden konsultierenden Chirurgen in Konflikt geraten.[4] Die jüngeren Sanitätsoffiziere sind dagegen stets an die Befehle ihrer ärztlichen Vorgesetzten gebunden. Da kann es sehr leicht vorkommen, daß einer es mit seinem Gewissen nicht vereinbaren kann, der Anweisung des ihm vorgesetzten Arztes zu entsprechen und gegen seine Überzeugung einen ärztlichen Eingriff vorzunehmen. Und wenn er in diesem Falle den Gehorsam verweigert, so ist das nicht nur sein Recht, so ist das sogar seine Pflicht. Er ist ein approbierter Arzt und übt als solcher die Heilkunst mit staatlicher Genehmigung aus. Diese Genehmigung wurde ihm erteilt auf Grund seiner dargelegten Befähigung und im Vertrauen darauf, daß er stets nach bestem Wissen die erworbenen Kenntnisse in den Dienst seiner Mitmenschen stellen werde, nicht aber mit der Einschränkung, daß er nur als ausführendes Organ eines anderen tätig werden dürfe. In ärztlicher Beziehung ist also von Unterordnung keine Rede. Im Gegenteil, der Arzt ist verpflichtet, nach seiner eigenen Überzeugung zu handeln. Der Sanitätsoffizier ist aber in erster Linie Arzt, und nur, weil er Arzt ist, ist er Sanitätsoffizier. Deshalb geht auch seine ärztliche Berufspflicht der militärischen Gehorsamspflicht vor, und wenn es ihm die Umstände unmöglich machen, beider Pflichten

[1] Vergl. oben S. 10 u. flg.

[2] Vergl. oben S. 38.

[3] Vergl. Friedens-Sanitätsordnung § 76.

[4] Vergl. Kriegs-Sanitätsordnung § 200.

gerecht zu werden, so hat er sich für die pflichtgemäße Ausübung seines Berufs und die Verweigerung des Gehorsams zu entscheiden.

Die Berufspflicht ist aber die einzige nicht, die mit der militärischen Gehorsamspflicht kollidieren kann. Andere militärische Pflichten oder auch allgemeine Pflichten können unter Umständen mit der Gehorsamspflicht nicht in Einklang zu bringen sein. Hat z. B. eine Ordonnanz den Befehl, „möglichst schnell“ und „ohne sich aufzuhalten“ einen Brief an eine bestimmte Adresse zu bringen, und bemerkt sie auf ihrem Wege, wie jemand sich anschickt, einen Brand anzulegen, was soll der Mann da tun? Auf der einen Seite hat er die Pflicht, dem Befehle Folge zu leisten und sich nicht aufzuhalten, auf der anderen schreibt ihm RStGB. § 139 vor, von der Brandstiftung „rechtzeitig“ Anzeige zu machen. Beide Pflichten zu erfüllen ist unmöglich, eine militärische Dienstpflicht steht in Widerspruch mit einer außerdienstlichen allgemeinen Pflicht. Der Ansicht, daß in solchem Falle die Dienstpflicht vorzugehen habe,[1] kann angesichts des großen Schadens, den die Außerachtlassung der allgemeinen Pflicht zur Folge haben muß, und des voraussichtlich nur sehr unbedeutenden Nachteils, der durch die Nichterfüllung der militärischen Pflicht herbeigeführt werden würde, nicht beigetreten werden. Nach dem Grundsatze, daß von zwei drohenden Übeln, von denen eins sicher ertragen werden muß, stets das kleinere zu wählen ist, muß im vorliegenden Falle die höhere Pflicht erfüllt, die geringere außer acht gelassen werden. Und die höhere Pflicht bestimmt sich einzig und allein nach dem Interesse, das der Staat an der Erfüllung der sich gegenüberstehenden Pflichten hat. Daß aber der Staat hier ein höheres Interesse an der Erfüllung der allgemeinen Pflicht als an der Erfüllung der militärischen Pflicht haben muß, erscheint zweifellos. Die verschieden hohe Bemessung der angedrohten Maximalstrafen für die Verletzung der einzelnen Pflichten gibt einen Anhalt, um zu erkennen, welchen Wert der Staat auf die Erfüllung der verschiedenen Pflichten legt, und welche Pflicht im Kollisionsfalle als die höhere anzusehen ist.[2] Folglich ist in dem angenommenen Beispiel die Ordonnanz zum Ungehorsam verpflichtet. Der Soldat ist, um einer höheren Pflicht gerecht zu werden, gezwungen,

---

[1] So Binding, Handbuch S. 781.

[2] Vergl. Binding, Handbuch S. 761.

den erhaltenen Befehl in etwas abzuändern, und um so mehr ist solche Handlungsweise für ihn geboten, als er sich sagen muß, daß der Vorgesetzte den Befehl in der Weise, wie es geschehen, gewiß nicht gegeben haben würde, wenn er von allem dem, was der Ordonnanz auf ihrem Wege widerfahren sollte, Kenntnis gehabt hätte.

Jeder Befehl wird unter der stillschweigenden Klausel: „Rebus sic stantibus" gegeben. Haben sich die Verhältnisse zwischen Befehlsgebung und Befehlsausführung geändert, so kann die Erfüllung des Befehls, der ja auf durchaus unrichtigen Voraussetzungen beruht, gerade den entgegengesetzten Erfolg haben als den, den der Befehlshaber herbeizuführen wünschte. Erkennt daher der Untergebene, daß der Vorgesetzte bei Erteilung des Befehls offenbar von falscher Voraussetzung ausgegangen ist, so hat er die veränderten Verhältnisse bei der Ausführung des Befehls in Rücksicht zu ziehen.[1] Er ist dann verpflichtet, den ihm gegebenen Befehl entsprechend der seiner Erteilung zugrunde liegenden Absicht abzuändern.[2] Hat z. B. ein Patrouillenführer den Befehl, die Brauchbarkeit einer in einer Ortschaft befindlichen Brücke zu erkunden, und findet er die Ortschaft von starken feindlichen Abteilungen besetzt, so würde die Ausführung des Befehls die Folge haben, daß die ganze Patrouille gefangen oder getötet würde, der Vorgesetzte aber weder von der Brauchbarkeit der Brücke noch von der Anwesenheit des Feindes irgendwelche Kenntnis erhielte. Ein richtig erzogener Patrouillenführer müßte sich da sagen, daß der Zweck des ihm gewordenen Befehls der sei, dem Vorgesetzten Unterlagen zu schaffen für die Bestimmung des einzuschlagenden Weges. Er würde sich und seine Leute daher nicht nutzlos opfern, sondern Stellung und Stärke des Feindes feststellen, und, soweit die durchaus notwendige weitere Beobachtung des Feindes es gestattet, nach einem anderen Übergang suchen. Schickt er hierbei erschöpfende Meldung, so setzt er seinen Vorgesetzten in den Stand, die nunmehr erforderlichen Maßnahmen zu treffen. Allerdings hat er den ihm erteilten Befehl abgeändert, aber er hat es getan, gezwungen durch die veränderten Verhältnisse.

Nicht immer liegen die Dinge so klar, wie in dem eben ausgeführten Beispiele. Die Berechtigung, einen Befehl abzuändern, ist an zwei Bedingungen geknüpft:

---

[1] So auch van Calker, Befehl S. 105.

[2] Gegebenenfalls auch zu überschreiten oder ihm direkt entgegenzuhandeln.

1. Der Befehlsgeber muß bei Erteilung des Befehls von einer falschen Voraussetzung ausgegangen sein.

2. Die Ausführung des auf der falschen Voraussetzung beruhenden Befehls muß infolge der veränderten Verhältnisse zum mindesten zwecklos geworden sein.

Ob der Vorgesetzte von falscher Voraussetzung ausging, wird sich ja meist sehr schnell herausstellen, aber ob der Befehl zwecklos geworden, ob der Vorgesetzte, wenn er die wahre Sachlage gekannt, ihn nicht trotzdem gegeben hätte, dies zu entscheiden, ist oft sehr schwer. Ein Irrtum in dieser Beziehung kann verhängnisvoll werden, aber doch hält die oberste Heeresleitung an dem Grundsatz fest, daß ein Befehl unter den genannten Voraussetzungen nicht bindend sei. Das zum IX. Armeekorps gehörende 2. Schles. Gren.-Regt. Nr. 11 wurde am 16. August 1870 vorübergehend dem VIII. Korps unterstellt. Als es von seinem kommandierenden General wieder zurückgerufen worden, erhielt der Regimentskommandeur Oberst von Schöning, von dem ihm gegenüber nicht mehr befehlsberechtigten Chef des Generalstabes VIII. Armeekorps die Aufforderung, die Brigade von Rex zu unterstützen. Das Generalstabswerk über den Krieg von 1870—71[1] sagt darüber folgendes:

„Als der aus der vorderen Gefechtslinie zurückkehrende Chef des Generalstabes VIII. Armeekorps, Oberst von Witzendorff, dem Regiment diese Aufforderung überbrachte, hatte dasselbe eben gegen 6 Uhr abends den Befehl seines Generalkommandos zur Rückkehr in die alten Biwaks erhalten. Da indessen dieser Befehl erlassen war, als man über das heftige Gefecht bei Gorze offenbar noch nicht unterrichtet sein konnte, so war Oberst von Schöning nicht im Zweifel, wohin ihn die Pflicht rufe. Er eilte sogleich durch den Wald von St. Arnould vor und entwickelte jenseits desselben seine drei Bataillone ..."

Der Oberst hatte also den Befehl, sein Regiment zurückzuführen. Er erkannte aber, daß dieser Befehl nicht gegeben worden wäre, wenn der betreffende kommandierende General über die tatsächlichen Verhältnisse unterrichtet gewesen. Deshalb befolgte er den Befehl nicht. Er führte sein Regiment anstatt zurück wieder vor in die Schlacht. — Und der große Generalstab billigt seine Handlungsweise.

---

[1] Vergl. Kriegsgeschichtliche Abteilung des großen Generalstabs, Der deutsch-französische Krieg 1870—71 Bd. 1 S. 632.

3. Die subjektive Strafrechtswidrigkeit (Schuld).

§ 33.

a) Die Zurechnung zur Schuld.

Subjektiv strafrechtswidrig ist eine Handlung dann, wenn sie ist objektiv strafrechtswidrig und dem Täter „zuzurechnen".

Jemandem eine Handlung zurechnen heißt: sie als Betätigung seines freien Willens ansehen. Jemandem eine objektiv strafrechtswidrige Handlung zurechnen heißt: sie als pflichtwidrige Betätigung seines freien Willens ansehen und deshalb ihm zur Schuld anrechnen.

Zuzurechnen, zur Schuld anzurechnen, ist einem Menschen demnach das, was er an und für sich Strafbares äußerlich tat, nur dann, wenn es seinen Ursprung in dem Willen des betreffenden Menschen hatte, und wenn dessen freie Willensbestimmung im Zeitpunkt der Verübung jener Tat nicht ausgeschlossen war. Mit anderen Worten: Voraussetzung der Zurechnung ist einerseits, daß ein ursächlicher Zusammenhang zwischen Wille und Erfolg besteht und daß diese Ursächlichkeit mitgewollt war,[1] andererseits, daß derjenige, dem zugerechnet werden soll, in dem Augenblick der Tat zurechnungsfähig, schuldfähig war, daß er fähig war der freien Willensbestimmung.

Eine Zurechnung ist nicht möglich, eine pflichtwidrige Willensbetätigung liegt nicht vor, wenn der Kausalzusammenhang fehlt oder wenn der Täter zur Zeit der Tat seiner freien Willensbestimmung beraubt war.

Was von der Zurechnung im allgemeinen gilt, das findet ausnahmslos auch auf die Zurechnung des militärischen Ungehorsams Anwendung.

Bei Beurteilung eines jeden Falles von Ungehorsam ist deshalb zu prüfen:

1. der Kausalzusammenhang zwischen dem Tun (oder Unterlassen) der als Täter in Betracht kommenden Person und dem vorliegenden Erfolg,
2. die Schuldfähigkeit desjenigen, der den Erfolg verursacht hat.

Ein Kausalzusammenhang zwischen dem Tun eines Menschen und dem Erfolg liegt dann vor, wenn dieser ohne das Tun nicht eingetreten

---

[1] Vergl. Binding, Normen Bd. 2 S. 45.

wäre. Daß das Tun die alleinige Ursache des Erfolges ist, wird nicht erfordert. Der Mensch, der auch nur eine Bedingung des Erfolges gesetzt hat, muß als Ursache desselben angesehen werden, ohne Rücksicht darauf, daß der Erfolg ohne die Mitwirkung anderer menschlicher Handlungen vielleicht gar nicht hätte eintreten können. Hat z. B. ein Offizier den Befehl, ein Aktenstück geheim zu halten, und läßt er es offen auf dem Tisch liegen, so daß eine hinzukommende Ordonnanz es liest, so ist der Befehl mißachtet, der Ungehorsam vollendet. Das Liegenlassen allein hat den Erfolg der Weiterverbreitung nicht herbeigeführt und konnte ihn auch nicht herbeiführen, es mußte noch das Lesen des Schriftstückes durch die Ordonnanz hinzukommen; aber eine von den Ursachen des Erfolges war das Liegenlassen doch, der Kausalzusammenhang ist gegeben, der Offizier ist — seine freie Willensbestimmung vorausgesetzt — schuldig. — Ausgeschlossen ist der Kausalzusammenhang zwischen Tun und Erfolg, wenn dieser unabhängig von jenem zur Entstehung gelangt, außerdem auch dann, wenn die freie Tat eines Dritten den sonst vorhandenen Kausalzusammenhang durchbricht. Nicht jede freie Tat eines Dritten läßt aber eine neue selbständige Kausalreihe beginnen, sondern nur die, welche nicht mit der Tat des ursprünglichen Täters zusammenwirkt, welche unabhängig von dieser zufällig dasselbe Ziel verfolgt.

Die Schuldfähigkeit ist die Fähigkeit zu freier Willensbestimmung, die Fähigkeit, seinen Willen in Übereinstimmung mit den Anforderungen des Rechts zu betätigen. Nur wer imstande ist, das rechtliche Sollen zu erkennen und sein Wollen diesem Sollen unterzuordnen, ist schuldfähig, und dies auch nur, soweit ihm die Möglichkeit gegeben ist, seinen eigenen Willen zur Geltung zu bringen. Das letztere ist ausgeschlossen, wenn der zu Gehorsam Verpflichtete dauernd einen eigenen strafrechtlich bedeutsamen Willen nicht zu entfalten vermag (so bei geistiger Unentwickeltheit, krankhafter Störung der Geistestätigkeit, Geisteskrankheit[1]), außerdem auch dann, wenn er nur vorübergehend

[1] Bei Bestrafung militärischer Verbrechen oder Vergehen ist die Zuerkennung der angedrohten Strafe allerdings unabhängig von dem Alter des Täters (vergl. MStGB. § 50), aber für jugendliche Personen unter 12 Jahren und für solche unter 18 Jahren, welche die zur Erkenntnis der Strafbarkeit ihrer Handlungsweise erforderliche Einsicht nicht besaßen, ist eben keine Strafe angedroht (vergl. RStGB.

sich im Zustande der Bewußtlosigkeit (Ohnmacht, Schlaf, Schlaftrunkenheit, Hypnose, Narkose[1]) befindet oder unwiderstehlichem Zwange (Verwundung, Krankheit, äußerer Gewalt) unterliegt. In allen diesen Fällen kann von einer Betätigung des eigenen Willens und somit von Schuldfähigkeit, von Schuld, von Ungehorsam keine Rede sein. — Die Unfähigkeit, die konkrete Rechtspflicht zu erkennen oder der erkannten Rechtspflicht seinen Willen anzupassen, ist, vom Zwange abgesehen, auf dieselben Ursachen zurückzuführen. Außerdem kann aber auch noch unvermeidlicher Irrtum die Veranlassung zu beidem werden.

Irrtum ist Nichtübereinstimmung von Vorstellung und Wirklichkeit. Falsche Vorstellungen von Bedeutung und Tragweite einer Rechtsvorschrift können zu einem falschen Schluß über die im konkreten Falle vom Rechte gestellten Anforderungen führen oder Veranlassung sein, daß der Täter glaubt in bestimmter Richtung handeln zu müssen. Ersteres kann auch in falschen Vorstellungen von dem Tatbestand, letzteres in falschen Vorstellungen von der Wirkung des eigenen Tuns seine Ursache haben. Die falsche Vorstellung kann also die Willensbestimmung beeinflussen; diese ist dann nicht mehr frei, ist dem Täter nicht mehr zuzurechnen.[2]

Leider stellen sich das Reichsgericht und, ihm folgend, das Reichsmilitärgericht samt der allgemeinen Praxis auf einen anderen Standpunkt. Aus RStGB. § 59 entnehmen sie, daß nur Irrtum über das Vorhandensein von Tatumständen, welche zu dem gesetzlichen Tat-

§§ 55 und 56). Sie sind geistig noch nicht entwickelt, sie sind noch strafunmündig.

Da das Delikt des militärischen Ungehorsams nicht bloß von Militärpersonen sondern unter Umständen von jedermann begangen werden kann (vergl. oben S. 23 u. flg.), kommen in Beziehung auf dasselbe auch Gründe der Unzurechnungsfähigkeit in Betracht, die, wie Taubstummheit, angeborener Blödsinn und (in den Schutzgebieten) völlige Wildheit, bei Militärpersonen nicht denkbar sind. — Völlige Wildheit ist im Gesetz zwar nicht ausdrücklich erwähnt, doch kann kein Zweifel sein, daß sie als geistige Unentwickeltheit der Jugend gleichzustellen und nach Analogie von RStGB. §§ 55 und 56 zu behandeln ist.

[1] Die selbstverschuldete Trunkenheit des Täters bildet zwar keinen Strafmilderungsgrund (vergl. MStGB. § 49), wohl aber schließt sie, wenn sie Bewußtlosigkeit zur Folge hat, die freie Willensbestimmung und somit die Vorbedingung des Ungehorsams aus (so auch RMGE. Bd. 2 S. 92).

[2] So Binding, Grundriß S. 97 u. flg.; Binding, Normen Bd. 2 S. 606 u. flg.; Finger S. 239 u. flg.; von Liszt S. 176 u. flg.

bestande gehören oder die Strafbarkeit erhöhen, die Zurechnung ausschließen solle, und folgern daraus, daß nur der Irrtum über die Tatsachen, von welchen das Gesetz das Erlaubtsein der Handlung abhängig macht, nicht aber der Irrtum über Dasein und Sinn des Gesetzes selbst entschuldige.[1] Indem sie zu derartigen Tatsachen auch Rechtssätze rechnen, sofern sie nur nicht dem Strafrecht angehören,[2] unterscheiden sie zwischen Tatbestandsirrtum und strafrechtlichem Irrtum und erkennen den ersteren als Schuldausschließungsgrund an, erklären aber den letzteren stets für unbeachtlich.

Nun geht aber das Reichsgericht und mit ihm die gesamte Praxis davon aus, daß die im Strafgesetz als bekannt vorausgesetzten Begriffe zu dem Inhalt des Gesetzes gehören, daß demnach ein Irrtum über die Bedeutung eines solchen ein Irrtum über den Sinn des Gesetzes und deshalb unwesentlich sei.[3] Doch diese Begriffe gehen daraus hervor, daß entweder in Rechtsvorschriften oder in der allgemeinen Anschauung ein bestimmter Sinn mit einem bestimmten Ausdruck verbunden wird, es beruht daher jeder Irrtum über einen juristischen Begriff auf einem Irrtum über die Rechtsvorschrift oder über die Tatsache der bestehenden Volksanschauung, welche dem Begriff zugrunde liegen. Jeder Irrtum über einen juristischen Begriff ist gleichzeitig ein Irrtum über Rechtsvorschriften oder Tatsachen, und überall dort, wo der fragliche Begriff nicht einer anderen Stelle des Strafgesetzes entlehnt ist, wird bezüglich seiner eine Unterscheidung zwischen strafrechtlichem und nichtstrafrechtlichem Irrtum zur Unmöglichkeit.[4] Auch dem Reichsgericht gelingt es nicht, diese Unterscheidung durchzuführen. Indem es bald mehr, bald weniger auf den Ursprung des Irrtums über einen strafrechtlichen Begriff zurückgeht, kommt es zu einer Reihe von zueinander in innerem Widerspruch stehenden Entscheidungen.[5]

---

[1] Vergl. RGE. Bd. 8 S. 104, Bd. 4 S. 233, Bd. 20 S. 198.

[2] Vergl. RGE. Bd. 4 S. 233, Bd. 10 S. 234, Bd. 22 S. 141; RMGE. Bd. 3 S. 212, Bd. 5 S. 33.

[3] Vergl. RGE. Bd. 19 S. 253, Bd. 20 S. 198.

[4] Vergl. Finger S. 241.

[5] RGE. Bd. 26 S. 314: Der Begriff „Soldat" (in RStGB. § 141) ist ein strafrechtlicher; Irrtum über ihn entschuldigt nicht, aber RGE. Bd. 22 S. 141: Der Begriff „Mitglied des landesherrlichen Hauses" (in RStGB. § 97) ist ein staatsrechtlicher; Irrtum über ihn entschuldigt.

RGE. Bd. 12 S. 275: Der Begriff „Verschwägerte" (in RStGB. § 173) ist

Den gleichen Standpunkt wie das Reichsgericht nimmt das Reichsmilitärgericht ein. Auch nach seiner Auffassung entschuldigt lediglich der Irrtum über Tatsachen, gehören aber zu diesen Tatsachen auch „alle außerhalb des Strafgesetzes liegenden, irgend einem anderen Rechtsgebiete angehörigen Vorschriften und Normen. Nur die Unkenntnis des Strafgesetzes selbst, eine irrtümliche Auffassung über den Sinn und die Tragweite der strafgesetzlichen Norm soll keine Berücksichtigung finden."[1] Daß die in dem Strafgesetz aufgenommenen Begriffe „Vorgesetzter",[2] „Posten",[3] „dienstlicher Verkehr",[4] „Befehl in Dienstsachen bezw. Dienstbefehl"[5] an sich keine strafrechtlichen Begriffe sind, wird zugegeben. Es müßten zur Feststellung ihrer Bedeutung unter Umständen anderweite gesetzliche[6] oder auch sonstige[7] Bestimmungen herangezogen werden. Doch diese erschienen dann als notwendige Ergänzungen des Strafgesetzes und seien damit zu einem Bestandteile der strafrechtlichen Norm selbst geworden. Daraus ergebe sich, daß ein Irrtum über einen solchen Begriff ein Irrtum über einen Bestandteil des Strafgesetzes sei, folglich nicht berücksichtigt werden könne.

Würde das Reichsmilitärgericht diesen Grundsatz konsequent durchführen, so könnte es einen Irrtum, der sich auf ein anderes Rechtsgebiet als das strafrechtliche bezieht, überhaupt nicht mehr anerkennen, da ja jeder nichtstrafrechtliche Rechtssatz doch nur als Ergänzung des Strafgesetzes in Frage kommen würde. Doch das Reichsmilitärgericht wendet den Grundsatz nur dort an, wo es sich um einen nach seiner

ein durch „Auslegung des Inhalts des Strafgesetzes" zu ermittelnder, also ein strafrechtlicher; Irrtum über ihn entschuldigt nicht, aber RGE. Bd. 9 S. 84: Der Begriff „Auflösung einer Ehe" (in RStGB. § 171) ist ein zivilrechtlicher; Irrtum über ihn entschuldigt.

RGE. Bd. 23 S. 199: Der Begriff „Gottesdienstliche Verrichtung" (in RStGB. § 167) ist ein strafrechtlicher; Irrtum über ihn entschuldigt nicht, aber RGE. Bd. 10 S. 234: Der Begriff „Jagd" (in RStGB. § 292) ist ein landesrechtlicher, zivilrechtlicher; Irrtum über ihn entschuldigt, u. a. m.

[1] RMGE. Bd. 5 S. 299. Vergl. auch RMGE. Bd. 5 S. 37.

[2] Vergl. RMGE. Bd. 3 S. 27, Bd. 5 S. 298, Bd. 6 S. 267.

[3] Vergl. RMGE. Bd. 5 S. 270.

[4] Vergl. RMGE. Bd. 1 S. 198.

[5] Vergl. RMGE. Bd. 5 S. 150, Bd. 7 S. 175.

[6] Vergl. RMGE. Bd. 6 S. 269.

[7] Vergl. RMGE. Bd. 3 S. 30.

Ansicht „im Militärstrafrecht unter besonderen Schutz gestellten Rechtsbegriff“ [1] handelt. Das führt aber, je nachdem der Richter im Einzelfalle den vom Militärstrafrecht angeblich gewährten Schutz auf eine größere oder geringere Anzahl von Rechtsbegriffen ausdehnt, zu Entscheidungen, welche, genau wie beim Reichsgericht, miteinander nicht in Einklang zu bringen sind. Es ist z. B. nicht einzusehen, weshalb Reichsmilitärgesetz, Heeresverfassung und Dienstordnungen Bestandteile der strafrechtlichen Norm sein sollen, wenn die Feststellung der Vorgesetzteneigenschaft in Frage kommt,[2] die Wachtvorschriften aber, deren Verletzung im MStGB. § 141 unter Strafe gestellt ist, als eine Ergänzung des Strafgesetzes nicht zu gelten haben,[3] wenn festzustellen ist, ob MStGB. § 141 verletzt wurde oder nicht.

Es ist ja richtig, daß nach RStGB. § 59 nur Unkenntnis von Tatumständen die Zurechnung zur Schuld ausschließen soll. Aber was sind denn Tatumstände? Sind es nicht Eigenschaften der Tat?[4] Und ist nicht das Verbotensein der Tat gerade die wichtigste ihrer Eigenschaften?[5] Die Unterscheidung von Tatirrtum und Rechtsirrtum findet im Gesetz keine Grundlage. Im Gegenteil, das Gesetz macht die zur Erkenntnis der Strafbarkeit erforderliche Einsicht zur Voraussetzung der Zurechnung. Bei Jugendlichen und Taubstummen macht es ausdrücklich eine etwaige Verurteilung von der Feststellung abhängig, daß diese Einsicht zur Zeit der Tat vorhanden war,[6] logischerweise muß es bei den übrigen Personen den Mangel der Einsicht als Abnormität, als die Schuldfähigkeit gleichfalls ausschließende krankhafte Störung der Geistestätigkeit[7] ansehen. Wenn aber der Mangel der zur Erkenntnis der Strafbarkeit erforderlichen Einsicht die Zurechnung der Schuld ausschließt, so muß es doch wohl gleichgültig sein, in welchen Umständen dieser Mangel seine Ursache hat. Es kann wohl die wegen geistiger Unentwickeltheit oder Krankheit allgemein fehlende Einsicht nicht anders behandelt werden als jene, die sich nur

[1] Vergl. RMGE. Bd. 5 S. 152.
[2] Vergl. RMGE. Bd. 5 S. 298, Bd. 6 S. 267 und andere.
[3] Vergl. RMGE. Bd. 5 S. 33.
[4] Vergl. Binding, Grundriß S. 99.
[5] Vergl. Binding, Normen Bd. 2 S. 607.
[6] Vergl. RStGB. §§ 56—58.
[7] Vergl. RStGB. § 51.

auf einen einzlnen Fall bezieht.[1] Demnach ist dem Rechtsirrtum genau dieselbe Bedeutung beizumessen, wie dem Tatirrtum. Und es läßt sich dem nicht entgegenhalten, daß die Rechtsordnung ihre Wirksamkeit nicht davon abhängig machen könne, ob sich der ihr Unterworfene Kenntnis von ihren Vorschriften verschaffen wolle oder nicht. Es ist Sache des mit Gesetzgebungsgewalt ausgestatteten Staates, die von ihm erlassenen Gesetze in der Weise bekannt zu machen, daß die Untertanen über die ihnen auferlegten Pflichten nicht im Zweifel sind. Im großen Ganzen gelingt dies dem Staate auch,[2] so daß nur in seltenen Fällen die Berufung auf einen Rechtsirrtum glaubwürdig sein und den Richter davon überzeugen wird, daß der Täter wirklich in einem Rechtsirrtum befangen war. Hat der Richter aber ausnahmsweise einmal die Überzeugung gewonnen, daß die Tat auf einen Rechtsirrtum zurückzuführen ist, so muß er der Unfreiheit des Täters in seiner Willensbestimmung auch Rechnung tragen können. — Die Ansicht, daß der Rechtsirrtum anders zu bewerten sei als der Tatirrtum, läßt sich somit nicht aufrecht erhalten. Noch viel weniger aber lassen sich Gründe dafür anführen, daß der Irrtum auf dem Gebiete des Strafrechts eine andere Behandlung erfordere als der Irrtum auf anderen Rechtsgebieten. Wenn Reichsgericht und Reichsmilitärgericht den genannten beiden Arten des Rechtsirrtums einen verschiedenen Wert beimessen, so ist das im Gesetz nicht begründet.[3]

Das Ergebnis aber der Rechtsanschauungen unserer beiden höchsten Gerichtshöfe ist, nicht zum wenigsten infolge der oben erwähnten,[4] auf die Anschauungen zurückzuführenden, widerspruchsvollen Entscheidungen, eine bedauerliche Unsicherheit in der rechtlichen Bewertung des Irrtums durch die deutsche Rechtsprechung. Und diese Unsicherheit ist natürlich nicht gemindert worden durch die Tatsache, daß Reichsgericht[5] wie Reichsmilitärgericht[6] ihre Ansichten über den Irrtum im Laufe der Jahre geändert haben.

Eigentlich müßte jeder unvermeidliche Irrtum die Schuldfähigkeit

---

[1] Vergl. Finger S. 245.

[2] Vergl. Finger S. 231 u. flg.

[3] Vergl. Olshausen, Kommentar z. RStGB. Bd. 1 S. 261.

[4] Vergl. oben S. 79 und 80.

[5] Vergl. RGE. Bd. 36 S. 160.

[6] Vergl. RMGE. Bd. 5 S. 152.

aufheben, als Schuldausschließungsgrund bewertet werden. Wie die Dinge aber liegen, ist es zurzeit in Deutschland stets mehr oder minder vom Zufall abhängig, ob einem Übeltäter ein mit Rechtsvorschriften in Beziehung stehender Irrtum zugute gerechnet wird oder nicht.

Nach der Rechtsprechung des Reichsmilitärgerichts kann angenommen werden, daß bis auf weiteres bei Irrtum des Täters über die Eigenschaft einer Person als militärischer Vorgesetzter von der militärgerichtlichen Praxis ein tatsächlicher Irrtum als vorliegend erachtet werden wird, wenn dem Täter nicht alle Tatsachen bekannt waren, aus denen nach den gesetzlichen und Dienstvorschriften die Vorgesetzteneigenschaft folgt, daß die Militärgerichte aber einen strafrechtlichen Irrtum annehmen werden, wenn der Täter von allen diesen Tatsachen Kenntnis hatte.[1] Wenn also ein Hauptmann einem seiner Soldaten, der sich in seiner Stube befindet, vom Kasernenhofe aus zuruft, er solle sofort zu ihm kommen, dieser aber den Hauptmann nicht sehen kann und die Stimme desselben nicht erkennt, sondern für die eines Kameraden hält, so ist dem Soldaten, falls er dem Befehle nicht Folge leistet, diese Nichtbefolgung des Befehls nicht zuzurechnen. Ihm war die Tatsache, daß der Unsichtbare sein Hauptmann und demzufolge sein Vorgesetzter war, nicht bekannt. Wenn aber ein in die Büchsenmacherwerkstatt befehligter Soldat einen Befehl des Büchsenmachers mißachtet, weil er der Meinung ist, der Büchsenmacher sei Beamter und nicht sein Vorgesetzter, weil er die besondere Vorschrift, nach welcher die dem Büchsenmacher speziell zugewiesenen Mannschaften dessen Untergebene sind,[2] infolge eines Versehens seines Kompagniechefs nicht kennt, so ist dies ein unbeachtlicher strafrechtlicher Irrtum. Der Mann wußte, daß er den Büchsenmacher vor sich hatte, er zog nur aus der Tatsache, daß dieser Büchsenmacher sei, den falschen Schluß, daß er die Vorgesetzteneigenschaft nicht besitze. Der Soldat ist daher wegen Ungehorsams zu bestrafen, obgleich er doch gar nichts dafür kann und der wirklich Schuldige der ist, der die Verantwortung zu tragen hat für die richtige Instruktion seiner Leute. Inwieweit ein Irrtum, der bei der beabsichtigten Ausführung eines Befehls unterläuft, sei es, daß der Befehl mißverstanden wurde, sei es, daß der Untergebene die Wirkung seiner Handlung nicht zu erkennen vermochte, von der heutigen Recht-

[1] Vergl. RMGE. Bd. 3 S. 27.

[2] Vergl. oben S. 39.

sprechung der Militärgerichte berücksichtigt werden wird, ergibt sich aus den oben[1] dargelegten Anschauungen des Reichsmilitärgerichts. Besonderer Betrachtung bedarf aber noch der Fall, daß der Täter über die Rechtsverbindlichkeit eines von einem Vorgesetzten erteilten Befehls irrt. Es ist denkbar, daß es sich dabei um einen Tatbestandsirrtum handelt, sofern nämlich der Untergebene den Befehl in einer Form erhielt, daß er seine Eigenschaft als Befehl nicht erkannte, daß er z. B. in der ganzen Angelegenheit nur einen Scherz erblickte. In der Regel aber wird ein Irrtum auf dem Gebiete des Strafrechts vorliegen, nämlich in allen Fällen, in denen der Untergebene irrtümlicherweise annimmt, dem wohl verstandenen Befehl entgegenhandeln zu müssen. Glaubt der Untergebene, daß ihm durch den Befehl ein Vergehen angesonnen werde, und verweigert er deshalb den Gehorsam,[2] so irrt er in Beziehung auf das Strafgesetz, falls sich hinterher herausstellt, daß der Befehl nicht ein Vergehen, sondern nur eine Übertretung bezweckte. Nach der heute herrschenden Meinung ist der Irrtum unbeachtlich, der Mann wegen Gehorsamsverweigerung zu bestrafen. Nicht anders verhält es sich, wenn der Untergebene zwar die anbefohlene Handlung als Übertretung erkennt, aber irrtümlicherweise den Befehl für einen bloßen Dienstbefehl anstatt für einen Befehl in Dienstsachen hält und deshalb in der Meinung, für die Folgen der Befehlsausführung selbst verantwortlich zu sein, die Ausführung des Befehls unterläßt.[3]

Bei Erörterung der Frage, welche Bedeutung der Irrtum für die strafrechtliche Beurteilung einer Handlung habe, ist nicht zu übersehen, daß RStGB. § 59 nur diejenigen Tatumstände als nicht zuzurechnende bezeichnet, welche entweder zum gesetzlichen Tatbestande gehören oder die Strafbarkeit erhöhen. Von den die Strafbarkeit mildernden Tatumständen schweigt das Gesetz. Es ist daher anzunehmen, daß ihre Unkenntnis die mildere Strafe nicht ausschließen soll.

In Betracht kommt noch, ob der Irrtum unvermeidlich war oder nicht. „Unvermeidlich ist ein Irrtum dann, wenn der Handelnde unerachtet der ihm möglichen und billigerweise zuzumutenden sorgsamen Anspannung seiner Geisteskräfte (Überlegung, Aufmerksamkeit) nicht imstande ist, die wahre Sachlage zu erkennen. Nur dieser unvermeid-

[1] Vergl. oben S. 80.
[2] Vergl. oben S. 69 u. flg.
[3] Vergl. oben S. 71.

liche Irrtum macht völlig unzurechnungsfähig. Wäre er zu vermeiden gewesen, so ist zwar eine vorsätzliche strafbare Handlung auch noch ausgeschlossen, wohl aber liegt dann Fahrlässigkeit vor.[1]

b) Die Arten der Schuld.

§ 34.

α) Im allgemeinen.

Subjektiv strafrechtswidrig ist eine Handlung dann, wenn sie dem Täter zur Schuld anzurechnen ist.

Schuld ist rechtspflichtwidriger Wille, sie ist „der Wille eines Handlungsfähigen als Ursache einer Rechtswidrigkeit".[2] Je nachdem der Täter sich der Rechtspflichtwidrigkeit seines Willens bewußt ist oder nicht, unterscheidet man zwei Arten der Schuld: den Vorsatz und die Fahrlässigkeit.

§ 35.

β) Der Vorsatz.

Vorsatz im strafrechtlichen Sinne (dolus) ist das bewußte Wollen einer als zu der strafrechtlichen Norm in Widerspruch stehend vorgestellten Handlung. Es gehört zum Vorsatz: das Bewußtsein von den Wirkungen der Handlung, das Bewußtsein von der Rechtswidrigkeit dieser Wirkungen und das Wollen der Handlung trotz ihrer rechtswidrigen Wirkungen. Ist es demnach dem Soldaten verboten, in der Kasernenstube die Heizungsklappe zu öffnen, so liegt erst dann vorsätzlicher Ungehorsam vor, wenn der Soldat weiß, daß das Drehen an der Kurbel das Öffnen der Klappe bewirkt, wenn er weiter weiß, daß das Öffnen der Klappe verboten ist, und wenn er trotzdem mit Willen an der Kurbel dreht.

Hält der Täter den Eintritt des Erfolges für sicher, so spricht man von direktem Vorsatz. Im Gegensatz dazu nennt man eventuellen Vorsatz das Wollen eines als möglich vorgestellten und als rechtswidrig erkannten Erfolges für den Fall, daß er sich, um einen anderen, in erster Linie erstrebten Erfolg zu erreichen, nicht vermeiden läßt. Auch der eventuelle Vorsatz ist Vorsatz, er hat dieselben strafrechtlichen

---

[1] Vergl. RStGB. § 59.

[2] Binding, Normen Bd. 2 S. 102.

Folgen wie der direkte Vorsatz. Angenommen, der Führer einer Wirtshauspatrouille hätte den in einem Tanzlokal lärmenden Mannschaften befohlen, nach Hause zu gehen, und sich darauf mit dem Bemerken entfernt, daß er bald noch einmal wiederkommen werde und hoffe, dann niemanden mehr anzutreffen, so ist durch diese Bemerkung der Befehl, nach Hause zu gehen, dahin ergänzt, daß den Leuten, etwa um ihnen das Bezahlen der Zeche zu ermöglichen, noch etwas Zeit gelassen ist, daß sie zwar nicht sofort aufbrechen, aber doch vor der Wiederkehr des Unteroffiziers den Heimweg angetreten haben sollen. Überlegt sich nun ein Mann, der gern noch eine Tour tanzen will, ob ihm dazu wohl die Zeit gelassen sei, und kommt er zu dem Schluß, den Tanz auf die Gefahr hin, daß der Unteroffizier vor dessen Beendigung zurückkehre, zu wagen, so liegt eventueller Vorsatz zu Ungehorsam vor. Die Möglichkeit, daß die Folge seines Handelns die sein werde, daß er zur befohlenen Zeit das Lokal noch nicht verlassen habe, hatte der Soldat erkannt. Er wollte aber den Tanz nicht aufgeben, lieber wollte er Gefahr laufen, wegen Ungehorsams bestraft zu werden. Sein Wille war in erster Linie auf das Tanzen gerichtet, doch um dies zu erreichen, wollte er den sich aus der Handlung etwa ergebenden Erfolg des vollendeten Ungehorsams mit in Kauf nehmen. Dieser als möglich erkannte Erfolg war also von Anfang an mitgewollt, und dies charakterisiert die Handlung als eine vorsätzliche. Übrigens reicht das Bewußtsein von der Möglichkeit des Eintritts des rechtswidrigen Erfolges in Verbindung mit der dennoch vorgenommenen Handlung zur Annahme eines eventuellen Vorsatzes nicht aus. Der Täter muß mit diesem Erfolge von Anfang an für den Fall seines Eintritts auch einverstanden gewesen sein. Wenn jemand die Möglichkeit des rechtswidrigen Erfolges einsieht, sie aber für eine so entfernte hält, daß er an ihren Eintritt nicht glaubt und deshalb eine Handlung vornimmt, die er bei bestimmter Kenntnis von dem Eintritt des rechtswidrigen Erfolges nicht vorgenommen haben würde, so kann nur Fahrlässigkeit in Frage kommen. Denn wer „einen bestimmten Erfolg innerlich ablehnt, von dem läßt sich niemals sagen, er habe ihn gleichwohl eventuell gewollt".[1] Da es aber von dem sicheren Erwarten des Eintreffens

---

[1] RGE. Bd. 33 S. 5. Vergl. auch RGE. Bd. 7 S. 279, Bd. 9 S. 417, Bd. 10 S. 234, 337, Bd. 12 S. 297, Bd. 16 S. 363, Bd. 21 S. 420, Bd. 25 S. 5; RMGE. Bd. 3 S. 296, Bd. 6 S. 3, 113, 239.

eines Erfolges bis zur Überzeugung, daß er ausbleiben werde, einen ganz allmählichen Übergang gibt, so kann es im Einzelfall schwierig werden, zu entscheiden, wo die Fahrlässigkeit aufhört und der eventuelle Vorsatz beginnt.[1]

Von Bedeutung ist neben der Unterscheidung von direktem und eventuellem Vorsatz noch die Unterscheidung zwischen Vorsatz mit Überlegung (dolus praemeditatus) und Vorsatz im Affekt (dolus repentinus). Sie ist deshalb von Bedeutung, weil eine im Affekt verübte strafbare Handlung stets milder zu beurteilen ist als eine mit Überlegung ausgeführte. Besonders hervorgehoben ist dieser Gesichtspunkt im MStGB.[2] für den Fall, daß der Affekt durch Reizung seitens eines Vorgesetzten hervorgerufen wurde. Die auf unter solchen Umständen begangenen Ungehorsam anwendbaren Strafen sind milder als die für den Normalfall vorgesehenen. Sie werden durch einen besonderen, niedrigeren Strafrahmen begrenzt.

§ 36.

γ) Die Fahrlässigkeit.

Fahrlässigkeit im strafrechtlichen Sinne (culpa) ist das Wollen einer in ihren zu der strafrechtlichen Norm in Widerspruch stehenden Wirkungen nicht vorgestellten aber vorstellbar gewesenen Handlung. Das Schuldmoment liegt auch hier, wie bei dem Vorsatz, im Willen, in dem Wollen einer Handlung, welche die Eigenschaft hat, einen vom Rechte gemißbilligten Erfolg herbeizuführen. Dieser Wille ist allerdings unter dem Einfluß eines Irrtums zur Entstehung gekommen, sei es daß die Kausalität der gewollten Tätigkeit, sei es daß die Rechtswidrigkeit der durch die Tätigkeit verursachten Wirkungen verkannt wurde,[3] aber der Irrtum war ein vermeidlicher. Bei der ihm möglichen und billigerweise zuzumutenden Anspannung seiner Geisteskräfte hätte der Täter die wahre Sachlage erkennen können. Er hat es jedoch an der vom Gesetz geforderten Aufmerksamkeit fehlen lassen, und deshalb schließt sein Irrtum die Zurechnung seiner Handlung ihm zur Schuld nicht aus.[4]

---

[1] Vergl. Finger S. 259 u. flg.

[2] MStGB. § 98.

[3] So auch Olshausen, Kommentar z. RStGB. S. 257; Finger S. 267.

[4] Vergl. oben S. 84 u. flg.

Ob nun im Einzelfalle die bewiesene Aufmerksamkeit den gesetzlichen Anforderungen entsprach oder hinter ihnen zurückblieb, dies zu entscheiden ist dem freien richterlichen Ermessen überlassen. Die individuelle Geisteskraft des Täters und die Verhältnisse, unter denen gehandelt wurde, sind dabei in Betracht zu ziehen.

Alle Vorschriften der Rechtsordnung können aus Fahrlässigkeit übertreten werden, folglich ist es auch möglich, den militärischen Ungehorsam fahrlässig zu begehen. Aber nicht jede fahrlässige Übertretung einer Rechtsvorschrift wird vom geltenden Rechte mit Strafe belegt. Im Gegenteil, die Bestrafung bloßer Fahrlässigkeit bildet die Ausnahme. Solange sich nicht das Gegenteil aus besonderen Gründen ergibt, ist der rechtswidrige Vorsatz als Bedingung der Strafbarkeit einer Tat vorauszusetzen.[1] Nur da ist ein fahrlässig begangenes Delikt mit Strafe bedroht, wo das Gesetz für dasselbe ausdrücklich oder in nicht mißzuverstehender Weise eine solche bestimmt.

Ausdrücklich ist eine Strafe für den fahrlässigen militärischen Ungehorsam nicht festgesetzt, dagegen findet die Ansicht vielfach Vertretung, daß einerseits der Wortlaut des Gesetzes die strafrechtliche Bedrohung des fahrlässigen Ungehorsams nicht ausschließe, andererseits aus dem Zweck der gesetzlichen Bestimmung der Wille, ihn mit zu bestrafen, deutlich hervorgehe. Der Zweck der Bestimmung sei, die unbedingte Befolgung der Befehle in Dienstsachen strafrechtlich zu gewährleisten, und das lasse sich nur erreichen, wenn der Untergebene mit Aufmerksamkeit die Bedeutung des Befehls erfasse und mit Sorgfalt ihn ausführe, sich aber niemals mit Vergeßlichkeit oder Nachlässigkeit entschuldigen könne.[2]

Schwerwiegende Gründe sprechen gegen diese Auffassung.

1. Nach MStGB. § 93 ist mit strengem Arrest nicht unter 14 Tagen oder Gefängnis oder Festungshaft bis zu 10 Jahren zu

---

[1] Vergl. Berner S. 131; Binding, Grundriß S. 113; Binding, Lehrbuch Bd. 2 S. 681; von Liszt S. 185.

[2] So RMGE. Bd. 2 S. 200 u. flg. Ebenso von Koppmann S. 341; Hecker, Lehrbuch S. 205. Zu dem gleichen Resultat gelangt Herbst S. 11 u. flg., indem er vorsätzlichen Ungehorsam als Gehorsamsverweigerung, fahrlässigen als den in MStGB. § 92 mit Strafe bedrohten Ungehorsam ansieht.

Ohne weitere Begründung halten den fahrlässigen Ungehorsam durch MStGB. § 92 mit Strafe bedroht: Solms S. 108; Endres S. 80; Herz-Ernst S. 120; RGE. Bd. 15 S. 396; RMGE. Bd. 1 S. 290, Bd. 5 S. 267.

bestrafen, wer sich eines Ungehorsams schuldig macht, der einen erheblichen Nachteil zur Folge hat. Wäre diese Bestimmung auch auf den fahrlässig begangenen Ungehorsam anzuwenden, so würde damit eine fahrlässige Handlung als einzig dastehender Fall im deutschen Strafrecht mit einer Verbrechensstrafe belegt sein, sie würde doppelt so hohe Strafe nach sich ziehen können als die ist, welche das RStGB. als Maximum für fahrlässige Handlungen androht.[1] Es ist zwar zuzugeben, daß der Gleichstellung des bürgerlichen und des Militärstrafrechts überall da Grenzen gezogen sind, wo besondere militärische Interessen in Betracht kommen,[2] aber in Rücksicht darauf, daß die angezogene Bestimmung sich auf im Felde begangenen Ungehorsam nicht mitbezieht, erscheinen die in Betracht kommenden militärischen Interessen doch nicht so groß, um einen so gewaltigen Unterschied in der Bestrafung der Fahrlässigkeit zu rechtfertigen.[3]

2. Nach MStGB. § 142 wird mit Freiheitsstrafe von 1 Tag bis 3 Jahren bestraft, wer durch Fahrlässigkeit in der Wahrnehmung seines Dienstes eine erhebliche Beschädigung eines Schiffes oder dessen Zubehörs herbeigeführt hat. Würde MStGB. § 93 auch den fahrlässigen Ungehorsam mitumfassen, so würde der § 142 überflüssig sein. Denn dieser setzt voraus, daß versehentlich gegen eine Instruktion oder einen Befehl verstoßen worden ist, daß also fahrlässiger Ungehorsam vorliegt.[4] Und weiter setzt er voraus, daß durch diesen Ungehorsam eine erhebliche Beschädigung eines Schiffes oder dessen Zubehörs, also doch wohl ein erheblicher Nachteil verursacht wurde. Folglich würde der gleiche Tatbestand auch nach § 93 geahndet werden können und zwar mit einer Strafe, die sich zu halten hätte zwischen 14 Tagen strengem Arrest und 10 Jahren Gefängnis oder Festungshaft. Auch die für schwerere Fälle in § 142 vorgesehene Strafe der Dienstentlassung wäre nach § 93 in Verbindung mit § 34 möglich gewesen. Oder sollte der § 142 etwa sagen wollen: Fahrlässiger Ungehorsam, der einen erheblichen Nachteil verursacht, ist stets mit mindestens 14 Tagen strengem Arrest zu bestrafen mit Ausnahme jedoch des

---

[1] RStGB. § 222: Fahrlässige Tötung unter erschwerenden Umständen.

[2] Vergl. RMGE. Bd. 2 S. 200.

[3] Vergl. auch MStGB. § 148, der für fahrlässige Tötung ebenfalls nur 5 Jahre Gefängnis oder Festungshaft androht.

[4] Vergl. oben S. 34 u. flg.

Falles, daß der erhebliche Nachteil in einer erheblichen Beschädigung eines Schiffes oder seines Zubehörs besteht? Da ist unter Umständen auch 1 Tag Arrest schon genug? — Diese Auslegung dürfte nicht sehr glaubhaft sein. Es bleibt somit nur übrig anzuerkennen, daß entweder die erhebliche Beschädigung von Schiffszubehör kein erheblicher Nachteil ist oder der § 93 des MStGB.s auf fahrlässig begangene Handlungen keinen Bezug hat.

3. Da in jeder Verletzung einer Dienstpflicht ein Ungehorsam liegt und auch andererseits jeder Ungehorsam die Verletzung einer Dienstpflicht bedeutet, zeigt ein Vergleich von MStGB. § 62 mit MStGB. § 93, daß die zu erkennenden Strafen sich zu halten haben:

für vorsätzlichen Ungehorsam im Felde, der den kriegführenden deutschen Truppen Nachteil verursacht, innerhalb des Rahmens von 1 Tag Arrest bis zu 10 Jahren Zuchthaus;[1]

für fahrlässigen Ungehorsam unter denselben Verhältnissen innerhalb des Rahmens von 1 Tag Arrest bis zu 3 Jahren Gefängnis (Festungshaft);[1]

für vorsätzlichen Ungehorsam im Felde, der den kriegführenden deutschen Truppen erheblichen Nachteil verursacht, innerhalb des Rahmens von 1 Jahr Gefängnis (Festungshaft) bis zu lebenslänglichem Gefängnis (Festungshaft);[2]

für fahrlässigen Ungehorsam unter denselben Verhältnissen, falls man annimmt, daß MStGB. §§ 92 und 93 den fahrlässigen Ungehorsam mittreffen wollen, ebenfalls innerhalb des Rahmens von 1 Jahr Gefängnis (Festungshaft) bis zu lebenslänglichem Gefängnis (Festungshaft).[2]

Also eine fahrlässige Handlung, die, vorsätzlich begangen, nicht einmal mit Zuchthaus bestraft werden darf, soll lebenslängliches Gefängnis zur Folge haben können, während für eine andere fahrlässige Handlung, die, mit Vorsatz ausgeführt, 10 Jahre Zuchthaus nach sich zöge, 3 Jahre Gefängnis als genügende Ahndung erachtet wird! Dieses Mißverhältnis allein schon dürfte hinlänglich beweisen, daß die §§ 92 und 93 des MStGB.s unmöglich sich auf den fahrlässigen Ungehorsam mitbeziehen können. Doch es ist nicht zu verkennen, daß MStGB. § 62 und MStGB. § 93 auch in ihren auf den vorsätzlichen Ungehor-

[1] Vergl. MStGB. § 62.

[2] Vergl. MStGB. § 93 in Verbindung mit MStGB. § 16.

sam Bezug habenden Bestimmungen miteinander nicht in Einklang zu bringen sind. Ein und dieselbe Handlung wird, wenn sie nur unbedeutenden Nachteil zur Folge hat, mit Zuchthaus, wenn sie dagegen erheblichen Nachteil verursacht, bloß mit Gefängnis bedroht. Es liegt nahe anzunehmen, und die Motive[1] zum Entwurf des MStGB.s deuten gleichfalls darauf hin, daß sich der Gesetzgeber bei Bearbeitung des § 62 der Anwendbarkeit des § 93 auf die durch den § 62 unter Strafe gestellten Fälle, sofern sie erheblichen Nachteil zur Folge haben, nicht bewußt gewesen ist. Er wollte in § 62 alle im Felde verübten und für die Truppen irgend einen (gegebenenfalls auch den erheblichsten) Nachteil nach sich ziehenden Dienstpflichtverletzungen treffen, „die nicht den Charakter des Verrats an sich tragen"[1] und deshalb unter die diesbezüglichen Sonderbestimmungen fallen. Es wurden auch fahrlässige Dienstpflichtverletzungen unter Strafe gestellt, aber diese nur deshalb, weil sie unter Verhältnissen begangen wurden, welche in ganz besonderem Maße jedem Soldaten die Pflicht erhöhter Aufmerksamkeit auferlegen, und weil sie Folgen gezeitigt haben, die, soweit die schwersten Fälle in Betracht kommen, unheilvoller überhaupt nicht gedacht werden können. Wenn aber für diese schwersten Fälle des fahrlässigen Ungehorsams 3 Jahre Gefängnis als genügende Ahndung erachtet wurden, so ist erwiesen, daß die in § 93 angedrohten Strafen sich auf fahrlässigen Ungehorsam nicht beziehen können.

4. MStGB. § 92 definiert den Ungehorsam als Nichtbefolgung oder eigenmächtige Abänderung oder eigenmächtige Überschreitung eines Befehls in Dienstsachen.[2] Daß das Wort „Nichtbefolgung" sowohl die vorsätzliche wie die fahrlässige Mißachtung eines Befehls in sich begreifen kann, steht außer Zweifel. Fraglich dagegen könnte es scheinen, ob dies auch mit den Worten „eigenmächtige Abänderung oder Überschreitung" der Fall ist. „Eigenmächtig" heißt „aus eigener Machtvollkommenheit", „ohne von anderer Seite das Recht dazu erhalten zu haben", und in dem Zusammenhange, in welchem das Wort stets im

---

[1] Vergl. Motive zu § 74 des Entwurfs zum MStGB.

[2] von Koppmann (S. 340) scheint der Meinung zu sein, daß sich das Wort „eigenmächtige" nur auf die Abänderung und nicht auch auf die Überschreitung beziehe. Wäre dies der Wille des Gesetzgebers gewesen, so hätte er entweder das „durch" vor den Worten „eigenmächtige Abänderung" weggelassen oder noch ein anderes „durch" vor dem Worte „Überschreitung" eingeschoben.

MStGB. gebraucht wird, „aus angemaßter eigener Machtvollkommenheit". Weshalb diese Anmaßung nicht auch eine unbeabsichtigte, eine fahrlässige sein könne, ist nicht einzusehen.[1] Es muß also zugegeben werden, daß „eigenmächtig" auch soviel heißen kann wie „unberechtigt" und daß die Begriffe „eigenmächtige Abänderung" und „eigenmächtige Überschreitung" ebenso wie der Begriff „Nichtbefolgung" der Annahme, daß auch der fahrlässige Ungehorsam strafbar sei, nicht entgegenstehen. — Weiter ist zuzugeben, daß der Zweck der gesetzlichen Bestimmung, welche den Ungehorsam unter Strafe stellt, der ist, die unbedingte Befolgung

[1] Es halten „eigenmächtig" für gleichbedeutend mit „vorsätzlich und bewußt rechtswidrig": Hecker, Lehrbuch S. 97; Herbst S. 9; von Koppmann S. 254; Herz-Ernst S. 88; Solms S. 86; RMGE. Bd. 5 S. 267.

Aus letzterer Entscheidung geht aber auch hervor, daß das Reichsmilitärgericht es als Nichtbefolgung und nicht als Abänderung eines Befehls ansieht, wenn ein beurlaubter Matrose, der den Befehl hat, um 12 Uhr wieder an Bord zu sein, erst um 2 Uhr zurückkehrt. Es könnte bei seiner Auffassung von der Bedeutung des Wortes „eigenmächtig" sonst nicht sagen, daß die fahrlässige Urlaubsüberschreitung als Ungehorsam nach MStGB. § 92 zu bestrafen sei.

Und doch liegt genau genommen überall da eine Abänderung des Befehls vor, wo zwar diesem nicht entsprochen worden, wo aber der Untergebene auf ihn hin wenigstens irgend etwas getan hat. Es bliebe somit für den Begriff der fahrlässigen Nichtbefolgung nur das totale Vergessen eines Befehls übrig. Und dieses Vergessen würde dann im Gegensatz zu der straffreien fahrlässigen Abänderung oder Überschreitung mit Strafe bedroht sein. Worin aber sollte die innere Berechtigung zu dieser Verschiedenheit in der strafrechtlichen Behandlung zu finden sein? Ist denn wirklich das gänzliche Vergessen eines Befehls eine größere Schuld, als die fahrlässige Abänderung eines solchen? Ladet etwa ein überlasteter Regimentsschreiber eine größere Schuld auf sich, wenn er im Drange der Geschäfte etwas vergißt, als wenn er so flüchtig arbeitet, daß etwas ganz Verkehrtes herauskommt? Oder sollten vielleicht die Folgen der Nichtbefolgung eines Befehls nachteiligere sein als die der Abänderung desselben? Auch dieses wird man nicht behaupten können. Denn hat ein Offizier den Befehl, mit seiner Abteilung zu einer bestimmten Zeit nach einem bestimmten Punkt zu marschieren, so ist der entstandene Nachteil gewiß geringer, wenn der Offizier, weil er nicht ordentlich darauf gehört hat, überhaupt nicht abmarschiert ist, als wenn er sich und seine Leute zwar in Marsch gesetzt hat, aber nach einem falschen Punkt, so daß ihn nun niemand mehr zu finden weiß. Ein Grund, der eine verschiedene strafrechtliche Behandlung von Nichtbefolgung und Abänderung eines Befehls in Dienstsachen rechtfertigen könnte, dürfte sich somit wohl kaum nachweisen lassen, und auch dieser Umstand spricht dafür, daß der Gesetzgeber jene verschiedene Behandlung gar nicht beabsichtigt habe, sondern mit dem Worte „eigenmächtig" nicht den Begriff des Vorsätzlichen, sondern den des Unberechtigten verbunden wissen wollte. Das Wort der Befehle in Dienstsachen zu gewährleisten. Doch: „Allzu straff gespannt zerspringt der Bogen.“ Wenn überhaupt eine fahrlässige Nichtbefolgung usw. eines Befehls in Dienstsachen Ungehorsam ist, so ist es jede solche fahrlässige Nichtbefolgung usw. Es muß dann jeder Verstoß gegen irgend einen Befehl, eine Vorschrift, eine Instruktion[1] als Ungehorsam bestraft werden, es sei denn, daß er dem Täter aus irgend einem Grunde nicht zugerechnet werden könne. Die Zurechnung ist aber gewiß nicht ausgeschlossen, wenn ein Verstoß gegen eine Instruktion usw. berechtigten Anlaß zu auch nur dem geringsten Tadel bietet. Entweder ist auch der Tadel unberechtigt, oder der Verstoß ist darauf zurückzuführen, daß der Untergebene es an dem Grade der Aufmerksamkeit hat fehlen lassen, den man billigerweise von ihm fordern durfte.[2] Es würde demnach, sobald auch die fahrlässige Nichtbefolgung eines Befehls usw. unter den Begriff des Ungehorsams fällt, jede Handlung eines Soldaten, welche zu Tadel Veranlassung gibt, sich als Ungehorsam darstellen. Für die Begriffe „Nachlässigkeit im Dienst“ und „Unaufmerksamkeit im Dienst“ wäre Raum nicht mehr vorhanden. Dazu kommt, daß jeder Ungehorsam mindestens mit Arrest zu bestrafen ist. Zwar ist es gestattet, ihn in leichteren Fällen im Disziplinarwege zu ahnden,[3] aber nach herrschender Ansicht verliert er dadurch nicht den Charakter eines Vergehens,

---

„eigenmächtige“ hätte, weil selbstverständlich, ebensogut wegbleiben oder auch vor das Wort „Nichtbefolgung“ hinzugesetzt werden können, ohne daß dadurch der Sinn des § 92 geändert worden wäre.

[1] Vergl. oben S. 34 u. flg.

[2] Der von Hecker (Lehrbuch S. 18 und 202) vertretenen Ansicht, daß es in die „Willkür“ der militärischen Kommandobehörden gelegt sei, eine Handlung als reines Disziplinarvergehen oder als Ungehorsam aufzufassen, kann unmöglich beigestimmt werden. — Nicht viel anders ist allerdings die in RMGE. Bd. 5 S. 268 u. flg. zum Ausdruck kommende Anschauung: Vorsätzliche Urlaubsüberschreitung ist ohne Rücksicht auf die Dauer der Überschreitung nach MStGB. § 64 zu bestrafen, fahrlässige Urlaubsüberschreitung ist als Ungehorsam nach MStGB. § 92 zu ahnden. In letzterem Falle kommt aber die Dauer der Überschreitung in Betracht. Denn Verspätungen von wenigen Minuten können „unter Umständen nicht als eigentlicher fahrlässiger Ungehorsam, sondern als Unpünktlichkeit bezw. Ordnungswidrigkeit aufgefaßt werden“. Da gibt es also einen eigentlichen und einen uneigentlichen fahrlässigen Ungehorsam. Nach wieviel Minuten Verspätung mag wohl der eigentliche fahrlässige Ungehorsam seinen Anfang unter allen Umständen nehmen müssen?

[3] Vergl. EG. z. MStGB. § 3.

wird er dadurch nicht etwa zu einem bloßen Disziplinarverschulden herabgedrückt. Nur das Prozeßverfahren wird durch diese Bestimmung geändert, das materielle Recht aber nicht. Es steht somit nicht in dem Belieben des Disziplinarvorgesetzten, das Vergehen des fahrlässigen Ungehorsams in leichteren Fällen je nach der Individualität des Täters mit nur geringer Strafe zu belegen oder gelegentlich auch einmal ganz straffrei zu lassen. Nein, der Disziplinarvorgesetzte muß in jedem einzelnen Falle strafen und er muß mit Arrest strafen. — Nun aber sind alle Militärpersonen Menschen. Vom General[1] bis zum letzten Mann lassen sich alle gar mannigfache Verstöße gegen alle möglichen Vorschriften und Instruktionen zuschulden kommen. Sie alle müßten unweigerlich mit Arrest bestraft werden, und die große Masse der Mannschaften könnte aus dem Arrest überhaupt nicht mehr herauskommen. Im Arrestlokal kann man aber keine Truppe ausbilden. Hält man nicht unbedingt daran fest, daß von Ungehorsam nur bei vorsätzlichen Handlungen die Rede sein kann, so ist man gezwungen, die Existenz von Rechtsvorschriften anzuerkennen, deren Befolgung unmöglich ist.[2]

Es dürfte somit bewiesen sein, daß der Vorsatz zum Begriffe des militärischen Ungehorsams gehört, daß eine Möglichkeit, auch die fahrlässige Nichtbefolgung eines Befehls usw. als Ungehorsam anzusehen und als solchen zu bestrafen, nicht gegeben ist. Es ist das auch die bei der Truppe allein herrschende Auffassung. Der im praktischen Dienst stehende Disziplinarvorgesetzte untersucht in jedem Falle, ob der Untergebene absichtlich oder versehentlich gefehlt hat, und erst dann, wenn sich ihm die Überzeugung aufdrängt, daß er es mit der vorsätzlichen Mißachtung eines Befehls usw. zu tun hat, verhängt er die Strafe für Ungehorsam.

[1] Man denke an die vielen Verstöße gegen Vorschriften und Instruktionen, die der Reichsrechnungshof alljährlich nachweist. Sie fallen vielfach gerade den höheren Kommandobehörden zur Last.

[2] Daß der Vorsatz für den Begriff des Ungehorsams unerläßlich sei, nimmt auch der frühere kommandierende General von Meerscheidt-Hüllessem an. Seine ganze Schrift „Die Handhabung der Disziplinarstrafgewalt" ist von dem Gedanken getragen (vergl. z. B. S. 33 und 42). Der gleichen Meinung ist auch Brauer S. 129. M. E. Mayer (S. 153) erkennt an, daß der Ansicht, der Ungehorsam könne auch fahrlässig begangen werden, Bedenken entgegenstehen.

Druck von Metzger & Wittig in Leipzig.

FSC
www.fsc.org
MIX
Papier | Fördert gute Waldnutzung
FSC® C083411

Kolibri 360 GmbH
Ferdinand-Jühlke-Straße 7
99095 Erfurt, Deutschland
produktsicherheit@kolibri360.de